Le
bois pourri

ANDRÉE MAILLET

Le bois pourri

L'ACTUELLE

955, rue Amherst, Montréal 132

Maquette de la couverture:
JACQUES DESROSIERS

Illustration de la couverture:
JACK TREMBLAY

LE CONSEIL DES ARTS DU CANADA
A ACCORDÉ UNE SUBVENTION
POUR LA PUBLICATION DE CET OUVRAGE.

DISTRIBUTEUR EXCLUSIF:

AGENCE DE DISTRIBUTION POPULAIRE INC.
1130 est, rue de La Gauchetière
Montréal 132   (523-1600)

 2

A François-Albert Angers

Nous y étions arrivés entre chien et loup un vendredi de la seconde semaine de septembre.

La barrière de ce domaine que nous n'avions jamais appelé autrement que "Le Camp", en dépit de toutes sortes d'efforts pour lui trouver un nom plus noble, la barrière flanquée de bouleaux blancs s'ouvrait sur un chemin tournant, un chemin forestier qui serpentait pendant un quart de mille avant de s'épanouir en un rond-point où se groupaient, s'appuyaient parfois les uns aux autres, des lilas blancs demeurés petits, des pins larges, des pruches et un sapin très haut accolé à un très vieux bouleau.

PHILIPPE

On aurait pu combler les ornières. Ce chemin est un brise-bagnole . . . dit mon Philippe, mon fils unique, mon seul enfant jusqu'à son mariage, mon seul souci jusqu'à la naissance de ses enfants, l'être que j'aimais le plus au monde, mon fils tendre et attentif jusqu'à ces derniers temps, mon Philippe à qui j'avais, chaque été de son enfance et grâce à ce domaine, donné quelques racines, mon fils intelligent et bon, mon bel enfant devenu ce bel homme, mon fils, enfin, que j'allais perdre d'un jour à l'autre.

5

Une bouffée de parfum des bois nous remplit les narines; tout au long de la route étroite et sous la voûte des branches et des feuilles d'or, de cuivre et de sang, les foins penchés ou rompus, les fougères jaunies, les framboisiers, les fleurs toutes refermées, les fleurs dormantes.

Dans chaque éclaircie, depuis trente ans, je plantais ou j'émondais, je soignais des rosiers. Je protégeais tout l'hiver les vieux églantiers précieux de mon beau-père et ceux que chaque enfant de la famille avait à son tour plantés et soignés.

PHILIPPE

Les roses sont mortes . . .

LA MÈRE

Pas tout à fait, Philippe. Pas toutes, peut-être.

MARCEL

Demain, je les taille et je les prépare pour le froid, avec l'aide de Sébastien.

Dans les forêts, au printemps tardif du Nord-Ouest québécois, la voix de la grenouille mâle, les derniers chants d'oiseaux au crépuscule, le cri d'un animal que je ne reconnais pas toujours; celui du butor, empereur des marais dont la voix est rauque et triste; parfois le sanglot déchirant d'un lapereau qu'une fouine ou un renard égorge.

Mais les bois en automne ne parlent plus que les grandes voix des animaux chassés. Pas ici, pourtant, où jamais rien de vivant n'a été tué par l'homme.

Nous y étions arrivés, c'était à la brunante. Sébastien, dans sa petite Renault, nous suivait de près. Nous parlions peu car il fallait faire vite : détacher les valises fixées sur le toit, ranger la voiture, ouvrir les portes et les contrevents, rentrer quelques grosses bûches s'il en était besoin, avant la nuit noire.

Philippe alluma les lampes à huile, les chandeliers et distribua des bougeoirs dans toutes les pièces.

LYDIA

Il n'y a pas d'électricité ? Comment est-ce possible ?

C'était Lydia, le nouvel amour de mon fils, qui refusait ainsi l'accueil de notre cabane.

PHILIPPE

Marcel l'a fait enlever il y a quelques jours. Nous avions décidé de refaire le filage au printemps... Mais la lueur des bougies, c'est poétique. Tu ne trouves pas ? Tous nos vieux meubles en paraissent plus moelleux.

LYDIA

Tout ça, c'est bien vieux, oui. Je n'imaginais pas ça du tout comme c'est. Tu ne m'avais pas dit, Phil, que c'était si vieux; moi, je n'aime que le moderne. Je suis de mon époque, moi. Je ne peux pas vivre sans le confort et les meubles modernes.

LA MÈRE

A notre époque, ce ne sont pas les meubles modernes qui sont ce qu'il y a de plus beau et de plus représentatif parmi les choses modernes; ce sont les idées. Moi, j'aime les meubles anciens et les idées nouvelles.

LYDIA

Quand les personnes de votre âge disent qu'elles aiment les idées nouvelles, c'est qu'elles ne tiennent plus à grand-chose, peut-être. Pas vrai, Phil ?

PHILIPPE

Du tout, chérie. Maman est très attachée aux biens de ce monde.

LA MÈRE

Tu dis vrai, mon ami. Marcel, est-ce que tu m'aides à faire les lits ?

Mes deux neveux, Marcel et Sébastien, que le sort du domaine intéressait puisqu'ils en étaient les co-propriétaires avec Philippe, étaient venus dans le Nord avec nous. J'avais rencontré Lydia pour la première fois juste avant de monter en voiture, à Montréal. Assise en arrière avec Marcel, je n'avais guère vu que ses cheveux jusqu'à présent. Son aspect ne m'impressionna pas outre mesure.

Marcel m'aida à préparer les chambres, Sébastien s'occupa à puiser de l'eau dans le lac pour remplir les réservoirs, la baignoire et les brocs. Philippe avait fait un grand feu dans la cheminée. La personne de mauvais goût qui avait appelé "Phil" un Philippe fier et racé craignait les araignées. Il fallut ôter toutes les toiles qui restaient en dehors des fenêtres, celles qu'avaient épargnées les premières rafales d'automne, avant même de les examiner pour constater une fois de plus que les grasses épeires fauves et tachetées les avaient ourdies, alors que les araignées noires semblaient préférer tendre leurs pièges à l'intérieur, dans les encoignures.

Lydia exigea de regarder partout, avec Philippe, sous les meubles, les tapis crochetés ou tissés, derrière les objets divers qui ornaient les murs. Elle redoutait d'écraser des insectes en marchant, il fallait pourchasser les ombres des flammes qu'elle confondait avec des choses vivantes et menaçantes. Et nous aurions dû arriver des heures plus tôt, on y voyait mal en dépit des lampes, il y faisait froid en dépit du feu; et rien ici n'était à son gré très confortable ni très propre. Tout cela dit d'un ton non seulement larmoyant mais écoeuré. Et autre chose encore.

LYDIA

Et dire qu'en Europe on s'imagine que le Canada, c'est l'avant-garde! . . .

Elle faisait allusion à son pays d'origine.

LYDIA

Vous aurez sans doute constaté, madame, que les draps que vous m'avez donnés sont humides ?,

PHILIPPE

Ils doivent être un peu frais, chérie, c'est tout. On mettra une bonne bouillotte bien chaude dans ton lit. Il y a une bouillotte de caoutchouc quelque part.

MARCEL

Dans la salle de bains.

LA MÈRE

Oui, mais elle coule.

LYDIA

Une bouillotte en caoutchouc qui coule, chez moi, on la jette aux ordures.

LA MÈRE

Ici, on ne jette jamais rien. A la campagne, c'est vrai, tout peut servir.

PHILIPPE

Le caoutchouc d'une bouillotte peut réparer un pneu de bicyclette.

MARCEL

Boucher une fente dans le plafond ou dans une chaloupe ou colmater un canot, hein, Sébastien ?

SEBASTIEN

Ça peut se clouer autour d'un manche de casserole...

LA MÈRE

Servir de toit à un nid exposé à cause d'un orage...

PHILIPPE

Ou servir à fabriquer une fronde pour tirer dans le dos de ceux qui pêchent la grenouille dans le marécage...

. . .Et qui dérangent notre famille de butors. . .

Nous avions glissé tout naturellement dans l'une des formes du jeu inventé ici comme beaucoup d'autres jeux, par les enfants, autrefois.

Lydia, dès qu'elle entrevit une brèche, c'est-à-dire quand nous fûmes à court d'inventions, exigea trois couvertures, se plaignit de n'avoir pas dîné, pas d'apéritif. . .

PHILIPPE

C'est la coutume ici, chérie, de prendre le thé aussitôt arrivé. On mange après.

. . .et pas d'eau chaude pour se laver.

Philippe semblait considérer avec indulgence l'attitude d'enfant mal élevé de cette femme nommée Lydia qu'il m'avait présentée cet après-midi comme sa fiancée torontoise. Tandis que Marcel et moi prenions au sérieux ses questions et doléances et pourchassions les moindres bestioles réelles ou fictives, il alluma la tortue de la salle à manger. Elle ronfla bientôt et il y mit à bouillir le « canard » rempli d'eau.

LYDIA

C'est de l'eau du lac ? Elle est polluée sans doute.

MARCEL

Allons, bon! Encore autre chose.

11

Elle n'est pas polluée.

Le docteur l'a fait analyser quatre fois tous les étés. Il nous a dit, il y a un mois, qu'elle est plus pure que l'eau du robinet à Montréal.

Votre lac a son médecin personnel.

Il y a un de nos voisins, chérie, qui est médecin, en ville. Ici, il exploite un grand motel pendant l'été. Il a fondé l'association civique du lac, et naturellement il a tout intérêt à conserver aux eaux leur pureté, aux forêts leur beauté. Alors, ma petite mère, du thé pour tout le monde ?

Lydia parut se calmer. Elle se pelotonna sur le sofa devant le feu et le contempla, les yeux écarquillés et hostiles, et les mains molles devant elle. Assis au vieux piano à candélabres, Sébastien jouait le petit andante en accords brisés de Bartok. Dans mon panier à pique-nique, j'avais mis du lièvre en terrine, un dindonneau rôti, des concombres, des quartiers de laitue, des cretons et un gâteau à la banane. Marcel déboucha le cidre et m'aida ainsi que Philippe à installer l'en-cas sur la table basse devant le foyer. Puis, nous ayant tous servis, Philippe alla s'asseoir auprès de Lydia pour manger et l'aider à manger, aurait-on dit. Il mit son bras autour de ses épaules, lui susurra Dieu sait quoi dans l'oreille.

Pour la première fois mon enfant unique et bien-aimé me parut pitoyable, et peut-être même un tantinet ridicule dans ce rôle d'adolescent éperdument épris. La nuit pénétra jusqu'à nous par les fenêtres dont nous avions omis volontairement de tirer les rideaux épais. Nous ne les tirions jamais qu'au départ du Camp et pendant les plus fortes chaleurs d'été, en plein jour.

Après un moment, nous allâmes nous coucher. Depuis quelques semaines une certaine menace pesait sur mon chef et j'étais tout engourdie, comme confite dans la crainte. Je ne savais où ni quand je sortirais de mon désarroi, ni comment, ni avec quelles armes, ni sur quel front il me faudrait combattre.

D'être au Camp, cependant, me rassurait peu à peu.

Douce, reposante, l'atmosphère des petites chambres lambrissées de sapin teint en vert véronèse, aux planchers jaune or, peinturés selon la tradition des anciennes fermes du Québec. Sur les commodes hautes, des bougeoirs de verre épais et de cuivre. Comme ornements de mur, des oiseaux aquatiques en bois sculpté polychromés, des paysages en catalogne, et un grand nombre des premières pochades à l'huile et à la gouache de Sébastien. Lydia choisit de dormir dans l'ancienne chambre de Philippe transformée depuis dix ans en dortoir pour les filles. Je m'étais naturellement installée dans ma chambre à moi, avec sa longue penderie et sa véranda grillagée qui donnait sur la terrasse et sur le lac.

Nous éteignîmes, je le suppose, nos lampes et nos chandelles presque en même temps, et au bout de quelques minutes la forêt entra dans le Camp avec ses odeurs, ses lueurs fugaces et ses bruits.

Je me souviendrai toujours de cette nuit. J'avais la tête au sud, le visage tourné vers la fenêtre, qui s'ouvrait à l'est, comme une paupière, de bas en haut, et dont on retenait le vantail par une poulie accrochée au plafond. En me plaçant de face, la tête soulevée par deux oreillers, j'avais devant les yeux la porte, ouverte sur ma véranda, et le beau cèdre vert-blond odorant, que j'avais connu jeune et droite sentinelle devant mes appartements, quarante années plus tôt.

Une jeune femme aux yeux pensifs, pantalon blanc, sandales à grosses semelles, marinière à boutons de bois, debout entre l'eau et les arbres, un enfant à cheval sur sa hanche... Ainsi me représentait une photo dans mon album des vacances.

Qu'est-ce que je voyais donc à travers le grillage ? Le ciel; j'essayais d'en définir la couleur : bleu-noir, vert foncé grisâtre, bleu-gris-vert...

De quels tons changeants est le ciel de minuit éclairé d'un croissant de lune et de beaucoup d'étoiles ?

Pour voir les étoiles, je devais mettre mes lunettes, lesquelles ne me sont pas indispensables pour voir la lune douce et diffuse au regard des myopes. Je la préférais quand même avec ses contours nets, à travers mes besicles, comme j'aime à examiner toute chose aussi clairement qu'il se peut, comme j'aime la réalité, la vie concrète. Si l'oeil se trompe, si l'oreille bourdonne, la sensation perçue, du moins, est vraie. Que m'avait-il donc dit, ce fils câlin et violent, timide et hardi, volontaire et conciliant, toujours absolument filial ?

PHILIPPE

Je crains de te vexer, ma petite mère, je sens que ça ne va pas aller tout seul.

LA MÈRE

Qu'est-ce qui ne va pas, mon petit vieux Jean-Jean ?

PHILIPPE

Bon, il y a que ça m'ennuie de te raconter quelque chose qui va te paraître désagréable sur le coup.

LA MÈRE

Si tu crois me ménager, Philippe, en prenant tous ces détours, tu te trompes à la troisième puissance. Vos querelles de ménage ne me concernent pas.

PHILIPPE

En fait, c'est fini les ennuis de ménage. J'ai donné à Marguerite toutes les raisons possibles de demander le divorce et toutes les chances de l'obtenir sous peu. D'ailleurs, elle m'a devancé.

LA MÈRE

Comment ? Elle n'est pas terminée, cette crise de croissance ?

PHILIPPE

Je ne t'ai pas encore parlé de Lydia.

S'il s'agit toujours de cette hôtesse d'hôtel que tu as rencontrée au Congrès du Travail de Toronto, il y a quelque temps, je suis au courant comme tout le monde.

PHILIPPE

Tel que prévu, tu es de mauvaise humeur, ma chère maman.

LA MÈRE

Je ne suis pas gaie. Mais je refuse de prendre au sérieux cette bagatelle.

PHILIPPE

Je n'ai plus rien à dire à Marguerite. D'ailleurs, elle est partie, n'est-ce pas, avec toutes les précautions légales. Je ne me suis pas effondré, comme elle s'y attendait peut-être. Avec Lydia, c'est le coup de foudre, l'aventure, la vraie, la seule... mais un fils ne peut pas parler de ça à sa mère.

LA MÈRE

C'est vrai.

PHILIPPE

Tu as vécu assez longtemps pour comprendre. Et puis, tu es écrivain.

LA MÈRE

J'écris plutôt des contes de fées. Qui finissent bien.

Mais tu as écrit des poèmes. Et puis, tu as aimé, toi aussi.

LA MÈRE

Autrefois, certainement.

PHILIPPE

Alors, laisse-moi vivre à ma façon; ne jette pas de pavés dans mon bonheur.

LA MÈRE

Mais je ne te dis rien, mon ami.

PHILIPPE

Non. Mais tu n'en as pas moins l'air.

LA MÈRE

Laisse-moi mon air et va prendre l'air.

PHILIPPE

Il faut que tu sois vraiment furieuse pour me mettre à la porte. Il n'y a pas de quoi, tu sais, maman, Lydia est adorable, mutine, délicate . . .

LA MÈRE

Elle a la délicatesse de briser une famille.

PHILIPPE

Eh non. Je t'assure. Elle vivrait dans l'ombre, m'a-t-elle dit, dans mon ombre, une toute petite place dans ma vie. Mais je n'accepterai pas tant d'abnégation, puisque, au demeurant, Marguerite a repris sa liberté. Et moi la mienne, par conséquent. Mais là où je crains de te faire de la peine... eh bien, une excellente situation s'offre à moi, à Toronto, et j'accepte.

Tu as perdu toute mesure, Philippe, tu n'as plus le sens des proportions, tu as perdu tout discernement; en d'autres termes, tu as perdu la boule.

Ah! Maman... Voyons... Je reviendrai tout le temps, tu viendras chez moi quand tu voudras, tous les week-ends, si tu veux. Ne fais pas de drame, maman, écoute!... Changer de situation, changer de ville, ça se fait tout le temps.

Chez les Québécois, ça n'est pas si répandu, justement. Nous tenons à trop de choses importantes. Et nous nous aimons bien dans le fond. Notre langue, nos traditions, notre mentalité; toute notre culture, cela vaut très très cher et nous l'avons gratuitement. Être bien entre soi, c'est un luxe dont nous payons volontiers le prix. Il est plus précieux, plus rare, plus élégant de parler français au milieu d'une masse de deux cents millions d'anglophones que de posséder la plus belle maison, la plus belle automobile ou tout ce que tu voudras.

Je t'en prie, maman, ne défends pas toujours ce

18

patriotisme que personne n'attaque. Et puis tu sais bien que je ne m'exile pas pour le fric.

Et puis, il y avait la ligne des arbres, le dessin des épinettes et des bouleaux contre la nue, un dessin animé lentement par le vent, et le doux chant du vent dans la ramée...

Je ne sais pas si quelqu'un a déjà respiré avec plus de délices, écouté avec plus d'attention, regardé avec plus de bonheur que moi, cette nuit-là, dans ma chambre couchée, ou bien assise sur ma véranda dans une chaise berceuse laquée bleue, en rotin, dans laquelle j'avais bercé tous les enfants de la famille. Le clapotis du lac, la rumeur dans le cèdre, les paraboles des chauves-souris devant la cabane...

Jadis, je prenais, il me semble, la nature pour acquise, parfois même elle me pesait par son insistance à s'imposer à moi. Je l'ignorais par la force des événements dix mois sur douze; j'étais toujours ailleurs (ma vraie place était ici).

Plus tard, je lui rendis justice et hommage car elle seule ne passait point de mode, ne trahissait pas. Elle seule rendait au centuple, en bien-être, en sérénité, en inspiration, l'intérêt qu'on lui portait. Et sa contemplation, j'en avais l'assurance, et son commerce, retardaient la caducité des êtres humains.

Devant notre Mère, la Grande-Verte, les sens s'affinent, le coeur se dilate, l'être rend libre accès à l'air et aux rayons.

Assise dans ma berceuse, écoutant le soir, la nuit, je palpitais au rythme de ce grand corps maternel, notre Terre.

Colette, très vieille, disait à son mari : « Ecoute, Maurice, il n'y a qu'une seule Bête ». Et j'avais parfois aussi cette sensation.

N'était la folie de Philippe, je pouvais me dire heureuse, cette nuit-là comme depuis plusieurs années, y songeant souvent. Le bonheur me paraissant être l'harmonie entre le for intérieur et la vie ambiante, un accord aussi entre le subconscient et le conscient, cette joie de posséder le monde à chaque moment de réflexion.

Et, reposant mes yeux dans cette douce obscurité, où la nuit des bois se détache sur la nuit claire du ciel, j'étais contente. J'avais bien mené ma vie, les bonnes actions excédant de très loin les mauvaises; la paix de l'âme restera à jamais tributaire de cette comptabilité. Il me manquait toutefois d'avoir accompli de grandes choses, sans savoir lesquelles, d'ailleurs, et sans savoir à quoi, des occasions ou de moi-même, on devait en attribuer la faute. Quand je m'endormis sur le dos, les deux poings fermés à hauteur d'oreilles, il y avait pour de vrai, je crois, du sable dans mes yeux. Le vent mit sa main fraîche au-dessus de mon front comme pour me rendre confiante en l'avenir. Et je m'endormis comme jamais plus peut-être je ne m'endormirai, comme je m'étais endormie quelquefois chez mon père, il y a plus d'un demi-siècle, petite fille rêveuse et passionnée que le temps a parée de diverses manières mais que son ange reconnaîtrait encore.

Je m'éveillai dans l'air glacial à mon visage et la faim m'étreignait. Le ciel était bleu marine et lumineux. Seul un dernier engoulevent lançait son appel inquiétant dans les bois, une sorte de roucoulement rapide et aigu sur trois notes, qui se répétait quatre ou cinq fois de suite, et puis encore et encore. Il était quatre heures du matin... L'engoulevent interrogeait l'aube, lugubre questionneur. Bois-pourri, bois-pourri, disait-il. Que voulait-il ? Qui cherchait-il à prévenir, cet oiseau farouche qu'on ne peut jamais voir ? Et qui, disait-on autrefois, annonçait la Mort ? J'éprouvais la certitude, évidemment irrationnelle, qu'il s'adressait à moi.

Irrationnelle, puisque je savais très bien que le petit Bois-pourri n'annonce pas la Mort mais qu'il crie pour manifester sa grande satisfaction d'avoir bouffé, c'est le mot juste, beaucoup d'insectes. Pourtant, je m'assoupis, ayant froid au coeur. Philippe m'apporta une tasse de café au lit.

PHILIPPE

Paresseuse fille, qui sommeille encore. Toute la nature s'éveille à l'aurore, fit-il avec enthousiasme.

LA MÈRE

Merci, mon petit vieux. Ta sainte mère a mal dormi.

PHILIPPE

Bon, il est dix heures, maman. Si tu es fatiguée, Marcel et moi pouvons nous occuper du déjeuner.

LA MÈRE

Non, non, ça ira.

Sur le pas de ma porte, il sembla hésiter puis s'en fut sans ajouter un mot. Il me parut mal à l'aise. A travers le Camp, Marcel et Sébastien se poursuivaient, faisant assaut de générosité : Toi, tu gardes ça, moi je n'ai pas besoin de ça. Sébastien ne tenait à aucune de ses toiles, et j'en fis deux lots, un plus gros pour les enfants de Marcel, un moindre pour ceux de Philippe. Et je pris pour moi une esquisse à l'huile représentant la grande pointe à l'automne, avec, comme aujourd'hui, dans le fond, les collines rouge, pourpre et jaune.

Lydia n'apparut qu'après que Philippe eut frappé le gong, vers midi. Mon fils quadragénaire l'entoura aussitôt de sollicitude. Je remarquai qu'il lui prenait le bras, la main, la nuque, à tout moment. Ou qu'en passant derrière elle il plongeait le nez dans ses cheveux. Ou bien qu'il lui retournait une de ses paumes et se l'appliquait sur la joue. Ou encore qu'il l'époussetait sans cesse, enlevant, comme sans y penser, un fil imaginaire sur son épaule ou sur sa manche.

Je me retenais à quatre pour ne pas lui crier : « Mais laisse-la, enfin! » Oh! Non. Ce n'était pas là, de ma part, une banale jalousie de mère. Marguerite, elle, ne m'avait rien enlevé; même au plus fort de leur passion; ni même aux premiers temps de ce premier grand amour de mon fils, de mon fils altier qui fondait sous le regard sombre et fier de Marguerite, ma bru maintenant et à jamais.

Je ressentais, certes, pour cette Lydia, une haine puissante, celle qui s'éprouve physiquement et qui voudrait changer le regard en stylet.

Si je n'avais été présente à table, je crois que Philippe l'aurait fait manger comme un bébé. Et là, un bon morceau; et çà, un bon café... D'autant plus qu'avec ses cheveux en broussaille, sa moue sempiternelle et ses joues rebondies, ses yeux un peu pochés par l'excès de sommeil, on aurait pris Lydia pour une adolescente, de prime abord. Mais en y regardant bien, ces deux traits, oh! encore bien légers aux commissures des lèvres, et ce regard averti, et entre la mâchoire et le cou, ces premiers plis...

Elle avait gardé, ou replacé ses faux cils. Et son regard bleu m'évitait. Me parlait-elle, ce qui n'arrivait pas si souvent, ses yeux écarquillés toujours fixaient un point au-delà de mon oreille. Ainsi, pour autrui, elle semblait vraiment m'adresser la parole.

Elle jouait avec ses oeufs, elle buvait son café comme on sirote une liqueur, elle croquait du bout des dents, elle mastiquait comme on suce un bonbon; tous ses gestes étaient empreints d'un maniérisme exaspérant. Mon grand niais de fils, au contraire ravi selon toute apparence, officiait auprès d'elle comme un servant de messe.

Mon Dieu! chantait jadis Yvonne Printemps, que les hommes sont bêtes...

Mais je veux être juste. Lydia — c'était un nom de guerre; je crois qu'elle s'appelait Lucia ou Luisa — Lydia, dis-je, n'était pas dépourvue d'attraits. Elle avait, pour employer les termes pudiques de ma couturière, une jolie silhouette, un buste prononcé, une taille longue; et la jambe un peu courte mais assez fine. Son ton et ses gestes étudiés pouvaient, aux yeux de quelques-uns, passer pour de la grâce. Lorsqu'elle se levait, on eût dit qu'elle se déroulait; lorsqu'elle allait d'une pièce à l'autre, elle paraissait flotter. S'arrêtant parfois, à propos de rien, au milieu d'une phrase, d'une réponse à une simple question polie telle que : « Avez-vous bien dormi ? », elle promenait sur gens et objets un air distrait, distant ou bien tout étonné. Au demeurant, ni les plaisanteries de mes neveux, ni mes deux ou trois phrases courtoises n'eurent l'heur de lui plaire.

Enfin, elle s'en fut s'habiller, marchant avec une lenteur insupportable.

Philippe la regarda partir aussi longtemps qu'il put, avec une expression tout à fait ridicule chez un garçon de cet âge. Je veux dire : chez un homme. Puis il alla dehors.

Non, je ne suis pas une ogresse, je ne suis pas l'une de ces mères castratrices, dominatrices, étouffantes que l'on trouve à foison, paraît-il, dans notre littérature.

Mais il y a des passions stupides. Mais les enfants aussi commettent des erreurs. Même les vieux enfants.

Et cette Lydia, c'était une Lydia pour un Phil mais pas quelqu'un pour un Philippe qui était déjà le mari de Marguerite.

Je n'étais pas jalouse, du moins pas trop, je crois. Je ne savais plus. Je me méfiais tout à coup de moi-même.

Lorsque Marcel me dit, en parlant de sa femme :

MARCEL

Jeanne ne s'entendra jamais avec la pépée de Philippe, ma chère tante.

SEBASTIEN

Admettons sans ambages que ton fils fait une grosse bêtise en ce moment.

LA MÈRE

Il n'y a rien à faire. J'ai dit tout ce qu'il y avait moyen dans les limites d'une savante diplomatie. Il a plus de quarante ans. Alors...

MARCEL

Ça me fait drôle de te voir renoncer, tante Léa. C'est si peu comme toi!

SEBASTIEN

C'est vrai...

dit Sébastien, avec son sourire à fossettes.

SEBASTIEN

Toi, ma tante, qui aimes tellement gagner!

LA MÈRE

Je m'interroge, en vain, sur les raisons de cette passade...

SEBASTIEN

C'est parce que tu n'es pas un homme que tu t'interroges.

LA MÈRE

...de cette amourette, de ce béguin, de ce nouveau goût qu'il a pour le genre olé-olé...

MARCEL

Cela n'a pas de sens. Mais, en tout cas, ça n'est pas une amourette. Il veut en faire la seconde Madame Philippe.

LA MÈRE

. . . et je ne vois pas comment je pourrais le contrer.

MARCEL

Ce serait une grave erreur, du reste. La passion se nourrissant d'obstacles . . .

LA MÈRE

Tout ce qui s'échappe de la bouche de cette femme est désagréable.

SEBASTIEN

Mais sa moue est souriante et ses yeux luisent.

LA MÈRE

Ah! vraiment ? Ses yeux luisent!

SEBASTIEN

Mais oui, ma tante, la blonde à Philippe c'est une belle fille. Regarde-la, quoi! ça t'aidera à comprendre. Et puis quand elle dirait à Philippe : « Tu as des pellicules et tu as mangé de l'ail », toute sa frémissante personne lui signifierait en même temps : « Nous serons seuls tantôt, toi et moi, cher! » Elle n'a d'yeux que pour lui. Tout ça c'est une question de fluide, d'atomes crochus.

MARCEL

Si Philippe s'était aussi bien entendu avec Marguerite que moi avec Jeanne, il n'aurait jamais regardé celle-là. Elle a beau être une jolie pépée, elle ne me dit absolument rien.

SEBASTIEN

A moi elle me dirait bien, comme ça, pour voir, en passant.

LA MÈRE

Elle n'est même plus jeune, elle a été mariée déjà, paraît-il . . .

MARCEL

Elle a une trentaine d'années, je crois.

SÉBASTIEN

Je crois qu'elle a dû se marier plusieurs fois, même, plus ou moins officiellement. Quelle importance ? Cette fois-ci sera la bonne et nous perdrons Philippe, le cousin-copain de toujours. Et nous perdrons le Camp.

LA MÈRE

A toi, qu'est-ce que ça peut faire de perdre le Camp ? Tu n'y viens plus jamais.

SEBASTIEN

J'y ai toutes les frusques auxquelles je tiens vraiment, j'y ai toute mon enfance, j'y ai une part bien à moi, et c'est le seul endroit au monde où je suis

27

chez moi. Mais Marcel et moi ensemble ne pouvons pas acheter la moitié du domaine qui est à Philippe. Je n'ai pas un sou.

MARCEL

Moi, ça me gênerait assez de devoir emprunter trente mille dollars.

SEBASTIEN

Au moins! Il a pris beaucoup de valeur, notre vieux domaine.

MARCEL

En fin de compte, ma tante, cette erreur de Philippe, elle aurait pu être évitée. Que Marguerite ne se plaigne jamais de son sort devant moi : elle a fait son propre malheur. On ne recourt pas au divorce pour un adultère minable, alors que pour tout le reste, pour tout ce qui compte le plus après quarante ans, on s'entend à la perfection.

LA MÈRE

A la perfection, oui.

MARCEL

Mêmes goûts, même idéal, même attachement aux enfants, aux valeurs familiales.

LA MÈRE

Tu as raison.

MARCEL

Eh bien, tu aurais dû empêcher cela, ma tante.

En faisant quoi ? Je ne suis pas la mère de Marguerite. Marguerite a une mère qui sur toute cette affaire a une opinion bien différente de la mienne. Et puis même . . .

Il faut qu'un fils quitte sa mère, m'étais-je dit la première fois, quand Philippe m'avait annoncé son mariage. Nouvelle à laquelle je m'attendais d'ailleurs depuis le début. Autant Marguerite qu'une autre, m'étais-je dit.

Philippe l'avait connue en faculté de Droit, elle était brillante. De plus, une fille superbe, grande, avec des yeux vifs et une chevelure très épaisse qu'elle portait flottante jusqu'aux épaules ou bien attachée sur la nuque avec un catogan.

A la longue, elle m'avait plu, malgré sa réserve initiale qui passait auprès des étrangers pour de la hauteur ou de l'indifférence. Et, m'étant donné la peine de la connaître bien, je l'aimais à présent, profondément, à cause de sa franchise qui s'exprimait dès qu'elle avait définitivement adopté quelqu'un; à cause aussi de sa gaieté, de son immense générosité dont on n'aurait pas cru qu'elle s'accompagnait d'orgueil et de rancune.

Que ce lieu, que cette forêt m'étaient chers!

Philippe avait joué ici autrefois avec Marcel et Sébastien, et Camille et Blanche leurs deux soeurs, lesquelles habitaient l'une Québec et l'autre Joliette. Leur mère leur avait donné à chacune une propriété de campagne près de leurs villes respectives.

J'évoquais en pensée les cinq enfants et leurs amis s'ébattant au bord du lac tranquille entouré d'anciennes montagnes tout usées qui n'étaient plus ici que de belles et rondes collines.

Le lac, le voyais-je donc pour la dernière fois ?

Etrange et merveilleuse rencontre d'un lieu et d'un être faits l'un pour l'autre depuis le premier moment de leur existence.

Ce lac aux rives sablonneuses, les glaces l'avaient pour moi creusé en retraitant. C'était pour que je m'y baigne, que j'y flotte en été, mes yeux myopes allant doucement du ciel au rivage, dans l'adoration du bleu, du blanc moutonneux, du vert et du gris rose.

Un épicéa qui se mire en l'eau noire, quelle splendeur! Un oiseau qui traverse un nuage, quel extraordinaire moment! Et que la nature soit si colorée, si vibrante, quel étonnement de chaque minute!

Et moi qui suis fraîche dans l'eau et qui pourtant respire et n'ai pas froid, quel don, quelle joie, quelle chance!

Quelle joie, quelle chance de vivre! De tout simplement vivre.

C'était pour que j'y regarde, extasiée, à l'automne, les aurores boréales vert-bleu, parfois arc-en-ciel fugace — jaune, rose, indigo — qui dansaient au-dessus du lac.

C'était pour que je m'arrête, sidérée, au milieu de l'été, devant ce miracle d'endurance et de courage qu'on appelle l'oiseau-mouche.

C'était pour que je recueille et que j'assèche, avant de les rendre à la nature radoucie, les jeunes fauvettes aux ailes encore faibles, rejetées hors du nid par la tempête.

C'était pour remettre à l'eau la tortue peinte que les enfants m'apportaient, l'ayant trouvée dans la poussière de la route, en grand danger d'être écrasée par une auto.

C'était pour que j'admire le soir les vols planés, argentés de l'écureuil volant à robe gris pâle qu'on nomme l'assapan.

Le martinet qui dort la tête en bas, en s'accrochant à une paroi rugueuse, la mère mulot qui a mis bas dans un tiroir qu'on n'aurait pas dû fermer à l'automne et où on avait laissé de la laine, le butor régnant sur le marécage, mais dont le vol bas et lourd déclenche aussitôt l'instinct de protection, la biche que la grande sécheresse qui tarit les ruisseaux pousse au lac, le porc-épic qui se hâte avec lenteur hors du lac avec l'air de quelqu'un qui vient de passer un moment désagréable — lui qui n'aime pas l'eau —, et la mouffette qui galope devant les phares de l'auto sans autrement nous menacer, comme si elle nous connaissait bien, et les ratons laveurs de cinq semaines qui s'attachent à vos pas en trillant pour supplier qu'on les prenne et qu'on les dorlote, toutes ces bêtes, elles étaient mes bonnes amies, ma compagnie préférée, mon milieu, mon entourage, et je n'étais mondaine qu'avec elles, et je ne me sentais humaine qu'au milieu d'elles, et qu'auprès des miens, comme jadis, auprès de mes enfants.

Il y avait entre ce domaine et moi une attirance irrésistible.

N'avais-je pas enduit moi-même ces troncs de bouleaux, élagué ce groupe de trembles, planté là-bas cette haute haie de cèdres, fait élever ce mur de soutènement au pied de la terrasse et laissé aux caprices des vents mais aussi au reboisement naturel plus de quatre mille pieds de berge! Je ne déracinais que ce qui était condamné, et seulement pour enraciner ailleurs.

Ces arbres-là m'aimaient, je crois; était-ce une croyance plus naïve qu'une autre ? Les plantes et les bêtes ont foisonné et pullulé sous le soleil, dans l'air et avec l'eau pour vivre éternellement ensemble ou sinon dépérir, peut-être.

Et si je croyais, moi, que les arbres ont à eux une manière de savoir qu'ils nous protègent, puisque sans eux, à la longue, rien ne vivrait ?

Je parcourais en esprit tous les sentiers des bois et mentalement je rassurais les arbres : non, on ne t'abattra pas, mon orme, non, bel érable, on ne morcellera pas cette terre, non, mes bouleaux, personne ne lotira ces grèves et ces criques, et sur ces pointes granitiques couronnées d'épinettes, nul n'élèvera de chalet. Il n'y a pas, moi vivante, un paien d'homme qui asséchera ce marais pour l'exploiter comme plage.

Ainsi leur parlais-je en moi-même; et cependant, ici, rien n'était à moi.

Le père de mon mari, parce qu'il avait choisi cet endroit isolé des Laurentides pour y construire un camp de chasse et de pêche, je le sentais non seulement encore vivant, mais présent, et non seulement présent ici partout, mais amical envers moi, sa bru — qu'il n'avait jamais connue —, et envers les petits-enfants nés après sa mort, mais à qui il avait songé au moment du mariage de sa fille. « Mon camp du lac des Bois, avait-il écrit dans son testament, est la seule de mes propriétés que je lègue à mes deux enfants Aline et Paul, ensemble, pour des raisons d'ordre familial, raisons qui leur apparaîtront nettement lorsqu'à leur tour ils auront des enfants. »

Il avait bien regretté, m'a-t-on dit, d'avoir été, sans qu'il en fût responsable, en mauvais termes avec son frère unique; et entendait obliger ses enfants à vivre ensemble d'une façon ou d'une autre pendant quelques années.

Le domaine ne pouvait être vendu, d'après les termes du testament, qu'à la majorité du plus jeune de ses petits-enfants. En l'occurrence, Sébastien. Quand ce dernier eut atteint vingt et un ans, ma belle-soeur Aline lui vendit — par une vente fictive comme il s'en faisait beaucoup à l'époque entre membres d'une même famille —, ainsi qu'à Marcel, sa moitié du domaine, le quart, donc, à chacun, dédommageant comme je l'ai dit ses filles.

Et mon mari, en mourant, légua sa moitié à Philippe.

Bien que disparu depuis fort longtemps, mon beau-père m'était un ami, au même titre par exemple que Teilhard ou Balzac, ou Debussy ou Memling ou quelque autre créateur rencontré dans une oeuvre que l'on aime et dont on reçoit tacitement l'assurance que cette oeuvre a été créée aussi pour soi.

Par exemple, Simone de Beauvoir, honneur des femmes de ma génération, m'avait montré ce qu'était la vieillesse; et que la décrépitude du corps n'entraîne pas inéluctablement celle de l'âme.

Et je savais que l'âme est conscience et respect avant tout, conscience de l'être, respect de l'être, avec ses composants; compassion, liberté, vérité.

Et de la grande Simone aussi j'épousais cette thèse, vérifiée par elle magistralement : que le coeur inquiet d'autrui et combattant pour une noble cause s'élève au-dessus de tous les délabrements.

Pour le père de Paul, ombre chère, le bois était sacré; les animaux sauvages, divins et tabous; chasser voulait dire, pour lui, se lever à quatre heures, sortir en tapinois dans l'espoir de voir courir un vison sur la plage.

A la pêche, il ne s'attaquait qu'aux brochets, dit-on, quand il en avait observé un surcroît aux embouchures des rivières qui alimentaient le lac.

Envers ce beau-père inconnu, j'éprouvais de la reconnaissance simplement parce qu'il avait bâti cette maison qui défiait les saisons depuis un demi-siècle, et pourvu à l'harmonie des siens. Il s'était comporté en bon patriarche. Les pères qui n'assument plus ce rôle ne sont pas considérés.

Peu après le déjeuner de ce samedi de septembre qu'en dépit d'un soleil doux je trouvais lugubre, nous nous assîmes dans les fauteuils de bois, face au lac dont on voyait nettement la ligne du courant.

Grâce à deux rivières et à plusieurs ruisseaux venus des montagnes, l'eau du lac est sans cesse renouvelée...dit Marcel, s'adressant à Lydia par courtoisie. Avant qu'elle eût pu lui répondre, il me dit :

MARCEL

Tante Léa, tu as de la visite...

Il désignait mon bras. Il y avait en effet, à la naissance de mon poignet, un moustique arc-bouté sur cinq pattes — la sixième semblait battre la mesure — qui pompait avec diligence.

PHILIPPE

Penser qu'il y en a encore à la mi-septembre...

Lorsque de son ton larmoyant et avec son sourire tremblé qui n'était séduisant que pour mon enfant transformé en « Phil », Lydia s'écria :

LYDIA

Alors, quoi ? Vous ne l'écrasez pas ?

LA MÈRE

La petite mère maringouin ? Mais non, pourquoi ? Ce sont les femelles qui piquent, vous savez ? Je la vois qui enfle, qui gonfle, qui rougit... Tout à l'heure, si vous regardez bien, vous la verrez s'envoler toute ronde, toute lourde et elle exécutera autour de moi une petite danse aérienne pour me remercier.

35

LYDIA

Il n'y a qu'au Québec, bien sûr, que les moustiques dansent.

LA MÈRE

Partout au monde, quand on ne les effraie pas.

LYDIA

Vous avez une aimable façon de vous moquer du monde.

PHILIPPE

Ma mère ne se moque pas, chérie.

LYDIA

Chez moi, on écrasait les moustiques.

LA MÈRE

Moi aussi, au printemps, quand ils sont légion et qu'ils font mal.

LYDIA

Car maintenant ils ne font plus mal ?

LA MÈRE

Non.

LYDIA

Eh bien, à moi, si. Ils m'ont piquée toute la nuit.

SÉBASTIEN

C'est un crime de lèse-beauté! Où vous ont-ils piquée, ces vilains ?...

Sébastien avait un ton et un air bizarres. Et je vis, avec étonnement, le regard bleu et rond de Lydia glisser vers le visage de mon beau neveu et s'y poser une longue minute.

Durant les dernières années de sa vie, mon mari nous avait entraînés, Philippe et moi, aux voyages fréquents, rapides, aux longs séjours dans les villes à la mode : les Alpes à Noël; l'Espagne, le Mexique ou l'Italie à Pâques.

L'humanité, pour lui, c'était les clients des palaces et des avions, des paquebots de croisières aux Baléares et dans les Caraïbes.

Il partait lui-même toutes les cinq ou six semaines, insistant pour que je l'accompagne.

Or, détestant devoir laisser Philippe, même aux bons soins d'Aline ou d'une de mes soeurs, je le suivais rarement. Il revenait au bout d'une semaine pour préparer ici une autre affaire et la mener à bien ensuite autre part.

Je m'étais plus ou moins habituée à cette façon de vivre, trop agitée pour mon goût mais dont je ne pouvais quand même pas me plaindre. Tandis que lui, Paul, ne vivait au fond que pour l'argent, ou plutôt pour le plaisir extatique de réussir une affaire.

Il s'élançait au bureau, se précipitait à un rendez-vous comme vers un amour violent, ou comme va au tournoi un jouteur invétéré. Le hasard, son charme, ses amis et certainement l'héritage de son père, tout cela avait servi ses dons. Philippe tenait de lui un grand appétit de jouir que l'on confond bien à tort avec l'amour de la vie, lequel implique un sens des responsabilités envers elle.

Avec nous, il était léger et tendre. Au point de vue des sens il semble que je lui ai suffi. Le vrai plaisir de Paul étant de gagner sur les autres hommes. Il ne jouait d'ailleurs à aucun jeu auquel il n'aurait su vaincre. Sans doute était-ce pourquoi il n'appréciait pas la discussion. Le golf et le badminton appartenaient à sa vie de travail et dans son den s'entassaient les trophées d'argent, tandis que son exercice préféré était l'équitation.

Il me disait souvent :

PAUL

Tu sais, Léa, au Camp, nous aurons des chevaux, un jour...

LÉA

Mais quand, Paul ? Tu ne viens au Camp que deux ou trois semaines pendant l'été.

PAUL

Nous aurons des chevaux, je te dis, et des chiens et des chats, un peu plus tard, lorsque je me serai plus ou moins retiré des affaires.

Et puis, tu es injuste, ma Léatou : je vais au Camp tous les week-ends de septembre. Pour qui donc penses-tu que je travaille tellement ? Pour notre retraite, Léa, le plus tard possible, j'espère. Pour notre avenir. Et ici même, peut-être...

En vérité, je crois que notre vieil âge se serait étalé sur tous les continents, dans des villes de casinos, d'opéras, de yachts et de salons de thé pour touristes britanniques.

Toujours est-il qu'il n'eut jamais à choisir où se reposer en ses vieux jours. Lui qui ne buvait ni ne fumait, petit mangeur, fréquent dormeur, qui se soignait comme on soigne et panse un pur-sang en prévision des concours et d'une longue existence d'étalon, et qui, j'ajoute, conduisait prudemment, mourut tué par un chauffard.

Il nous laissa, Philippe et moi, très bien pourvus.

Je m'étais sentie accessoire à la vie de Paul, toute remplie de la seule passion des affaires. Je n'avais pas de grands besoins; cette aisance qui me venait d'un malheur, je la reçus sans éprouver le contentement secret ressenti par les veuves qu'un décès avantage. Et j'en confiai la gestion à Philippe et à Marcel dès qu'ils furent aptes à gérer, c'est-à-dire aussitôt après qu'ils eurent reçu leur diplôme. Cela les aida au début de leur carrière.

A moi, ce que Paul avait légué de mieux, c'était l'usufruit — non point ma vie durant mais tant que Philippe en resterait le copropriétaire — de cette forêt drue, montant sur une pointe avancée dans le lac, et qui s'arrêtait aux falaises découpées par de petites plages naturelles. C'était le droit de venir au Camp, occuper en tout temps ma chambre et ma véranda.

Et partant pour toujours, Paul ne m'avait quittée qu'une fois de plus. Il me revenait parfois en pensée. Il m'avait si peu tenu compagnie, nous avions si peu parlé ensemble qu'il ne me manquait pas du tout. Quand je pensais à lui, je l'entendais me dire :

Philippe est parfait. Ne te crée pas de faux problèmes. Tu l'as très bien élevé. Il fera ce qu'il voudra plus tard . . .

Ce qui rendait inutile toute conversation au sujet du caractère ou de l'avenir de notre enfant.

PAUL

Son avenir ? Je suis là, moi, pour assurer son avenir. Le tien aussi, d'ailleurs.

Ou encore . . .

PAUL

Mais ma pauvre Léa, je me demande pourquoi tu choisis toujours de me faire des discours politiques à onze heures et demie du soir . . .

Ce qui rendait futile toute tentative pour l'intéresser aux problèmes du monde.

LÉA

Enfin Paul! Nous n'arrivons jamais à nous parler, toi et moi.

Car il ne pouvait souffrir de rester seul un instant. Avec moi, avec Philippe, avec nous deux, il s'était toujours senti seul. Il lui fallait de plus sa soeur, son beau-frère, ses neveux et ses nièces, ma famille, des amis, des voisins, des associés. Ou bien aller au restaurant, au théâtre, au Forum.
N'étions-nous qu'un petit groupe, il fallait jouer

au bridge, aux coeurs, aux charades, à n'importe quoi. A table, il menait la conversation qui devait demeurer générale, animée, spirituelle et jamais, jamais grave. Il détestait la gravité . . .

PAUL

Voyons, Léa, tu es trop grave, tu ressembles à saint Thomas d'Aquin lorsque tu parles; ça ne va pas avec ton visage.

Quand on était plusieurs, on dansait, on faisait un pique-nique, une excursion, une chasse aux trésors. Ou bien on projetait des films.

Il n'aimait pas mes airs pensifs, mes « airs penchés » comme il disait, ni mes vieilles robes, ni le goût qu'avait Philippe de s'éloigner pendant une heure pour être seul avec la nature. « Il n'y a plus de cénobites », disait-il.

Il s'amusait du reste autant avec les cousins et les amis de Philippe qu'avec les gens de notre génération.

Marcel, Sébastien, Camille et Blanche conservaient de merveilleux souvenirs de vacances avec lui.

Moi, cependant, je ne me souvenais pas d'avoir jamais dîné en tête à tête avec lui, après notre voyage de noces. Il y avait toujours du monde pour notre repas du soir, ne fût-ce qu'une seule personne; sinon nous sortions.

A la fin de la semaine, j'entendais répéter jusqu'à ce qu'il y ait une réponse :

PAUL

Alors, qu'est-ce qu'on fait, vendredi soir ? Qu'est-ce qu'on fait, samedi ? Alors, dimanche, qu'est-ce qu'on fait ?

LÉA

Ecoute, Paul, si on ne faisait rien, pour une fois ?

PAUL

Tu sais, Léa, j'ai l'air de jouer pendant la semaine, il est vrai que j'adore mon métier, mais je travaille très dur, plus que tu ne le supposes. Et, pendant les week-ends, j'aime bien me détendre, faire quelque chose, tu sais bien: me détendre. Et toi aussi. Tu n'écris pas toute la journée, toi, tu n'es pas toujours au pays des fées. C'est bon pour toi de fréquenter des gens.

Car, bien sûr, c'était aussi dans mon intérêt qu'il fallait voir du monde.

PAUL

Tu sais, Léa, si je t'écoutais, casanière comme tu es, mais nous ne connaîtrions personne . . .!

Pauvre Paul! Les rares fois qu'il me revenait à l'esprit, j'entendais son « tu sais, Léa » persuasif. Mis en demeure de réagir devant la catastrophe conjugale de Philippe, je crois qu'il m'aurait dit de laisser faire, d'avoir confiance, de sortir . . .

PAUL

Tu sais . . . Léa . . .

Maintenant, Marcel et Sébastien jouaient aux échecs sur la terrasse, assis au bord de leur chaise, les coudes aux genoux, les mains sous le menton. De l'autre côté du lac un rayon de soleil vernissait le clocher de l'église.

Notre cabane en rondins s'étalait sur une petite élévation, au fond d'une baie assez large bornée par deux pointes où les tuyas, les pins et les bouleaux s'accrochaient désespérément.

J'ai souvenance des trois petits garçons qui transportaient de la terre noire dans des seaux pour aller recouvrir les racines tordues, rampantes, entre les touffes de mousse et les buissons de bleuets : « Nous empêchons l'érosion », déclarait Marcel tandis qu'Aline, sa mère, s'écriait qu'au contraire il risquait de faire mourir les arbres en faisant pourrir leurs racines sous de la terre qui ne leur convenait pas.

De retour à Montréal, long téléphone au jardin botanique pour régler le différend . . .

Ah! Ces trois silhouettes de nos fils, marchant pieds nus en file indienne sur l'étroite corniche de la Moyenne Pointe qui surplombait le lac d'une hauteur de vingt pieds. Ils étaient des alpinistes ou des rescapés, des explorateurs, de braves sauveurs des arbres et des bêtes.

On parvenait à la plus escarpée de ces pointes, la Grande Pointe, par un sentier capricant à peine tracé, un peu traître pour qui ne le connaissait pas sur le bout des pieds si j'ose dire. Moi, je l'aurais

pu suivre dans la nuit noire car je savais où était
la roche lisse, où le large lit de mousse, où le roc
pointu à fleur de terre, où l'arbre creux qu'habitait
un hibou, où le détour, où les marches de béton, la
dénivellation, le précipice; où le hallier. Nous ne
laissions jamais les nouveaux venus au Camp s'aventurer sans guide dans ce sentier qui menait aussi à
une autre cabane, où des amis logeaient toujours volontiers.

Il y avait sur la Grande Pointe une éclaircie couverte de bleuets et entourée de pins blancs dont, à
cause du vent je pense, un petit nombre seulement
atteignaient une belle taille.

PHILIPPE

Maman... Tu rêves ?

Tous les bleus du ciel et de l'eau, les verts multiples : feuilles, fougères jaunissantes, futaies, trembles, gazon, notre bouleau pleureur au tronc tout
piqué.

Les jaunes des verges d'or, les blancs et les mauves
des asters prenaient un ton plus intense dans la
lumière de cette fin d'été. Ici et là un jeune érable
commençait à rutiler. Par-dessus le toit de la cabane
notre vieil orme se couvrait d'or.

Philippe vint à moi en souriant.

PHILIPPE

A quoi penses-tu, maman ?

Je lui répondis que je trouvais la nature belle et bonne. Que j'énumérais les couleurs que je voyais, que je me nommais les arbres pour moi-même.

C'est ta manie de faire des listes . . .

La nature, c'est . . . Je regarde. J'écoute.

J'écoute. Lorsque je suis en plein air, j'écoute toujours de toutes mes forces. Je regarde l'eau soufflée par le vent. Des milliards de petites vagues en marche, couleur d'acier. Elles se succèdent avec énergie comme si elles avaient une volonté propre, un avenir. Vagues . . . la pertinence de tous ces rêves si précis qu'on prétend vagues et qui se succèdent nuit après nuit. Comme si un vrai rêve pouvait être vague; comme si le vague à l'âme était autre chose qu'une impuissance à exister avec toutes ses facultés sur le qui-vive.

Tu ne penses à rien, en somme . . .

Tu ne peux pas me comprendre en ce moment, mon ami. Du reste, je suis peut-être énigmatique.

Tu es une contemplative qui passe sa vie à lancer des actions de grâces dans toutes les directions.

Il faudrait peindre ce paysage.

C'est ce qu'a fait Sébastien plus de trois cents fois, je pense.

Le décrire, je veux dire, pour qu'il se conserve à jamais, dans un livre, dans un conte, sans le fausser, tu comprends ? Sans trop de réalisme ni de romantisme. Je voudrais décrire ce sapin mort, là-bas, tu vois ? Un sapin devenu rouge sombre, rouge fer en mourant, un rouge laid, un rouge méchant, cet arbre dont il n'existe plus qu'une forme précise désignant à la fois un arbre et autre chose qui n'est plus exactement un arbre, et l'expliquer.

L'expliquer ?

Oui, tel qu'on le voit sur le flanc du rocher, soutenu par deux sapins verts plus jeunes, jusqu'à ce que ce frère mort entraîne à leur tour dans la mort les deux petits sapins vivants; dans ce tombeau des arbres de falaises qu'est un lac, ou une rivière nordique, ce tombeau liquide et mouvant, où les membres des morts sont polis et modelés par l'eau.

Pourtant, tu n'es jamais si morbide quand il fait

beau. Pourquoi veux-tu que ces deux sapins meurent ?

On doit séparer les morts des vivants. Il faut abattre ce sapin mort.

Est-ce bien la peine, à présent ?

Je ne prétends pas savoir toujours ce qui se passe dans la tête de mon fils. Je ne m'intéresse pas nécessairement non plus à tout ce qui est de moindre importance dans ce qu'il ressent. Et je ne m'attends pas à ce qu'il guette sur ma figure chaque pensée, chaque émotion, pour l'interpréter et m'en entretenir. Oh! non.

Mais de certaines choses, tout de même, on devrait s'inquiéter. Comme, par exemple, de certaines peines que peuvent causer certaines séparations.

Pourquoi sommes-nous revenus, Philippe, puisque tu avais décidé, inexorablement . . .

Avec un sourire horriblement faux et un ton patient, il dit :

Pour passer un bon week-end, pour que tu ramasses les quelques bricoles auxquelles tu pourrais tenir . . . quelques vieux meubles que je ferais prendre pour toi. Pour montrer à Lydia l'endroit où j'ai

47

passé presque toutes mes vacances d'enfant. Pour voir le Camp, la Cabane une dernière fois...

LA MÈRE

Marcel et Sébastien sont-ils vraiment forcés de vendre ?

PHILIPPE

Moi, je veux vendre. Tu ne voudrais pas qu'il y ait d'histoire dans la famille, hein ? Tâche de retenir ce que je te dis, maman, quand c'est important. Je n'ai pas de cadeau à faire à personne, et à l'indivis nul n'est tenu. S'il fallait entrer dans les détails, je te montrerais que j'ai été plus que gentil au cours de mon association avec mes cousins. Ma moitié m'a coûté plus cher que leur quart, à chacun d'eux. Malgré ça, ils ont profité du domaine en entier.

LA MÈRE

Tu coupes les cheveux en quatre, à présent. Marcel resterait bien...

PHILIPPE

As-tu fini de me culpabiliser, maman ? Est-ce qu'il peut m'acheter ? Et Sébastien n'a pas un rond. Il n'a du reste jamais payé sa part des taxes ni des dépenses d'entretien...

LA MÈRE

Il t'a payé autrement.

PHILIPPE

Avec des portraits, je sais. Et puis il a peint le

48

Camp, le lac, toutes les saisons, toi, moi. D'accord. Mais il ne vient plus. Le voici par monts et par vaux avec son baluchon, ses toiles sur le dos, tu sais bien, depuis huit ans qu'il s'en va peindre ici et là, tout le Québec. On ne le voit plus ici. Que très rarement, quoi.

LA MÈRE

Marcel a six enfants.

PHILIPPE

Tu ne me donnes aucun remords. Je n'y tiens plus, moi, au Camp. Lydia n'y viendrait jamais. Si Marguerite n'était pas retournée vivre à Québec... dorénavant elle passera tout l'été à Percé, à côté de son frère, ou bien où elle voudra. Je ne vois pas comment... A moins de couper le domaine en trois, ce qui est impossible; il se diviserait mal, tu le sais bien : d'un côté, le marécage, de l'autre les abîmes de soixante-quinze pieds, et les éboulements de roc. Il n'y a qu'ici au centre où... Tu le sais bien, enfin! Voyons, maman, on tourne en rond à parler de tout ça.

LA MÈRE

J'ai toujours pris bien garde de ne pas te culpabiliser.

PHILIPPE

Bon; eh bien, continue.

LA MÈRE

Mais moi ?

PHILIPPE

Quoi, toi ? Tu es très bien, maman, tu as ta vie à toi, tu es très bien organisée.

LA MÈRE

Tu es un monstre d'incompréhension.

PHILIPPE

Et puis, quoi, encore ?

LA MÈRE

Si, moi, je voulais le garder, le domaine ? Si ça me fait mal au coeur à moi de savoir qu'on va lotir, raser, couper, creuser, remplir, « bulldozer », tout changer, tout gâter, tout détruire dans ce parc sauvage qu'avait si bien conservé ton grand-père ? Tu sais, les trois merisiers au départ de l'allée, les touffes de narcisses, les massifs de lis tigrés devant le garage, le gros pin et les roses grimpantes, les iris en juin et les roses, Philippe! Vos rosiers, mes enfants, et vos arbres! La terre, Philippe, la terre sacrée, le bien que l'on transmet à ses descendants comme autrefois, comme en nos vieux romans de sagesse et d'espoir...

PHILIPPE

Les romans d'aujourd'hui sont fous et désespérés. La terre a menti, il n'y a plus de terre. Et dans bien des cas, plus de descendants.

LA MÈRE

Tu parles pour me contredire.

50

PHILIPPE

Non. Mais fais donc comme tu veux, maman. A première vue c'est une idée ridicule. Je crois que ce qui te rend émotive, c'est beaucoup plus la pensée que j'irai vivre à Toronto que le regret de ne plus revoir ces rochers et ces bois. Il y a des arbres ailleurs. Ici on est loin de tout ce qui t'amuse. Trouverais-tu encore au village des gens qui te serviraient convenablement ?

LA MÈRE

J'aurais Jeanne pour m'aider. Marcel garderait sa part, vois-tu; ses enfants sont faciles. Il y a les aînés. Et nos bons voisins.

PHILIPPE

Tu achèterais ma part et celle de Sébastien ?

LA MÈRE

Oui, c'est ce que je veux, je crois.

PHILIPPE

De toute façon, je ne pourrais guère venir te voir ici. Tu as vu combien Lydia aime la campagne ? Pour une guêpe elle fait un drame.

LA MÈRE

Quand vous aurez des enfants, où les emmènerez-vous passer leurs vacances ?

Philippe ne répondit pas tout de suite. Il m'embrassa d'abord. Après un moment, il dit :

Tu as bien assez de tes quatre petits-enfants, insatiable grand-mère. Ils vont me coûter encore plus cher. J'entends qu'ils aient tout ce qu'il leur faut, et même plus.

LA MÈRE

Tout l'argent du monde ne remplacerait pas leur père.

PHILIPPE

Remarque qui tombe à plat. Ce n'est pas moi qui ai voulu me séparer d'eux, n'est-ce pas, ma petite mère ? Ceci dit, Lydia ne veut pas d'enfants. Il faudra que tu comprennes une bonne fois qu'avec elle je change complètement mon mode de vie.

LA MÈRE

Je comprends. Ai-je dit le contraire ? Tu changes complètement ton mode de vie.

PHILIPPE

Je suis un homme nouveau : j'ai traversé une très, très rude épreuve quand Marguerite a demandé le divorce, par dépit, sans que je m'y attende, et malgré mes protestations.

LA MÈRE

Par orgueil. Son orgueil blessé.

PHILIPPE

Moi aussi, je suis orgueilleux. Et quand ma femme me fait l'affront de demander le divorce à cause d'une bêtise, je me fais un devoir, un point d'honneur, de recommencer ma vie. Et d'être heureux sans elle.

A cause d'une bêtise, exactement.

D'une erreur, d'une folie. Et ce n'est qu'après cet affront que mon aventure avec Lydia est devenue ce qu'elle est; une délicieuse histoire d'amour. Dans l'adversité, j'ai appris à connaître ma fiancée. Ce n'est pas pour une vétille qu'elle me lâcherait. Enfin, c'est comme si je vivais une seconde existence. Qui ne souhaiterait pouvoir dire qu'il a vécu deux fois, différemment ? Autre femme, autre situation, autre décor, autres amis, autre tout ce que tu voudras. Ce n'est rien d'inoui, c'est tout simplement une chance qui ne se refuse pas. Un homme nouveau, je t'assure.

Il m'embrasse encore, pour me prouver sans doute qu'envers moi il demeurait le même, et ramassant sa ligne, son filet, son panier, il s'en fut à la pêche. Je le vis détacher la chaloupe, j'entendis grincer les tolets, comme il s'éloignait. J'avais du mal à avaler. Ainsi, même si j'achetais le Camp, il n'y reviendrait pas, même pas pour me voir ?

Ma bru vivait à présent à Sillery avec Gauvin, Athénais, Maylis et Grégoire, mes petits-enfants. Gauvin, Athénais, Maylis et Grégoire : un nom de chevalier, un nom de favorite, un nom de fée basque, un nom de pape...

Ces noms avaient été choisis par Marguerite, ma

53

fille de coeur, en qui s'épanouissait un romantisme attendrissant.

Elle n'avait pas voulu donner à ses enfants des noms comme tout le monde. Elle ne faisait rien comme tout le monde. Elle prenait rarement conseil de quelqu'un. Par exemple, même enceinte, et même accouchée depuis peu, elle travaillait à défendre, conseiller, soutenir malheureux et adolescents délinquants et à étudier le code pour en noter toutes les faiblesses.

Gauvin, Athénais, Maylis et Grégoire ne montraient pas à table les manières exquises que je souhaitais leur voir, mais ils étaient spontanés, généreux comme leur mère; généreux de coeur, je veux dire. Tandis que Philippe n'était généreux que de ses biens. Et il ne donnait que ce dont il était certain de ne jamais manquer. On peut bien aimer son fils et le voir tel qu'il est.

Dans les très grandes épreuves on pouvait compter sur lui, quel que fût le risque de gêne pressenti pour lui, mais dans la vie de tous les jours il ne tolérait pas d'être obligé ni dérangé.

Alors que Marguerite ouvrait toujours sa porte, son coeur, sa bourse et mettait sa science et sa mémoire au service de tout un chacun.

Mais elle était entière, terriblement, et sa seule mesquinerie peut-être était la rancune.

MARGUERITE

C'est mon sang sauvage, je crois. Quand on m'a blessée une fois, je ne l'oublie plus. Et quand on ne me demande pas pardon, surtout, je ne pardonne pas.

C'est ce qu'elle m'avait dit. Jusqu'à cette année nous passions six semaines de vacances au Camp : Marguerite et les enfants et moi. Philippe demeurait les quinze derniers jours et puis menait sa famille à la mer, en Gaspésie. Alors que Jeanne et ses enfants restaient ici tout l'été avec ou sans Marcel.

Comme autrefois mon fils et ses cousins, Gauvin, Athénais, Maylis et Grégoire découvraient la tortue pacifique, le porc-épic qui dit presque « Je me mêle de mes affaires » quand il va sans regarder personne, le chardonneret mâle au plumage jaune-vert, le tamias effronté. Ils me rapportaient des bolets, des vesses-de-loup — rien que d'y penser, j'avais faim de champignons — ou bien des russules émétiques, ou des bouquets un peu visqueux d'orchidées orange et de choux gras; ou de l'herbe à dinde et du plantin pour d'imbuvables tisanes. Ah! Gauvin! Ah! Grégoire! combien ils m'avaient manqué en ce dernier mois de juillet . . .

J'avais passé l'été en France. J'en voulais tellement à Marguerite d'avoir choisi cette détestable solution, le divorce, que je n'avais pu suivre les enfants à Percé.

Pauvre Marguerite . . . On m'avait vue sourire quand Philippe m'apprit qu'autour du Palais on avait surnommé sa femme la Jeanne d'Arc du Barreau.

PHILIPPE

Toutes les causes perdues d'avance, elle les ramasse avec rage. Et quand elle perd, ou bien quand le juge ne rend pas le jugement qu'elle souhaite, c'est à moi qu'elle s'en prend. Elle a raison, c'est entendu, elle a toujours raison, Marguerite. Et elle me fait la leçon

du matin au soir. Heureusement qu'elle a du charme...

Et j'avais souri, jusqu'au moment où je m'étais
rendu compte avec attendrissement à quel point elle
me ressemblait.

J'entendais le père de Philippe me dire de son
air câlin et sophistiqué.

PAUL

Tu sais, Léa, les envolées patriotiques à onze
heures du soir...

Chère Marguerite! Combien nous nous étions com-
prises cette fois-là que j'avais écrit pour une revue
socialiste un article intitulé : *Le réveil de la conscience dans la bourgeoisie canadienne-française*.

Elle avait transcrit pour moi les principales réfor-
mes sociales apportées au code au cours de la décen-
nie 60-70.

Alors que Philippe, au contraire...

PHILIPPE

Il me semble que tu t'éloignes de tes contes pour
enfants, ma petite mère.

LA MÈRE

Oui, mon ami. C'est comme ça.

PHILIPPE

Tu aurais dû écrire *conscience sociale* au lieu de
conscience tout court.

La conscience collective est forcément sociale.

PHILIPPE

Tu parles comme Jean-Paul Sartre. Ça fait drôle avec ton visage tout rond d'aïeule débonnaire.

A quarante ans bien passés Philippe commençait décidément à ressembler à son père, en moins léger, en moins doux . . .

Hélas, c'est pour un tiroir-caisse qu'il avait trahi la Jeanne d'Arc du Barreau!

Marguerite était toujours parfaitement élégante. En toutes circonstances elle portait ce qui convenait.

Lydia était venue au Camp avec des tas de choses en lézard, en antilope, en lainage fragile, une jupe à volant, des colliers, des faux cils. Mon Dieu!

J'évoquais Marguerite avec son pantalon gris foncé, sa saharienne de gabardine rouge, son foulard indien dans les cheveux. Et puis sa belle façon; un éclat de rire toujours au bord des lèvres — quand rien ne la vexait — , les mains bienveillantes, occupées; dans les yeux, la gaieté ou l'indignation, l'inquiétude, l'impatience, la colère, mais aussi le contentement, la gentillesse . . .

Ah! ma petite Athénais! Ah! Maylis, ma douce et rude.

J'avais compris toute la tendresse, tout le fort attachement qui me liaient aux enfants de mon fils, et à sa femme aussi, tout autant, quand Marguerite, après avoir pris les dispositions qui le lui permettaient, avait quitté Montréal.

Depuis lors, j'allais à Québec comme par hasard, beaucoup plus fréquemment que de coutume. Je téléphonais d'un ton détaché; elle m'invitait d'un ton absent. Nous nous voyions chez elle; moi, comme quelqu'un qui passe en coup de vent, mais avec un sac à tricot plein de babioles et de friandises pour Gauvin, Athénais, Maylis et Grégoire; et elle, comme une personne très occupée qui n'a que cinq minutes, mais qui m'offrait à dîner d'un plat que je préfère. Comme par hasard aussi.

Nous nous jouions la comédie de ne pas sangloter, nous jetant dans les bras l'une de l'autre. Elle gardait ses distances; moi un front réprobateur. Car je lui en voulais naturellement beaucoup de s'être lancée dans les procédures avec un zèle vengeur. Ce faisant, ne démantibulait-elle pas ma vie aussi bien que la sienne ? Elle m'avait dit, un jour :

MARGUERITE

Certaines femmes s'accommodent de la vie de harem. Elles y trouvent peut-être quelque avantage. Moi, non. Le divorce, Belle-maman, c'est plus convenable.

Je l'avais priée d'attendre, de faire traîner les choses...

MARGUERITE

Non, merci. Avec moi, c'est coupé carré.

Je lui avais suggéré de passer l'éponge pour cette fois, d'être patiente, de ne pas dramatiser...

MARGUERITE

Un petit adultère de rien du tout, en somme. Il est certain que Philippe accorde peu d'importance à ses propres erreurs. Mais si c'était moi, Belle-maman, est-ce que vous croyez qu'il passerait l'éponge ?

Deux poids, deux mesures, comme d'habitude, alors ? L'homme est un pauvre petit être faible, sujet à peccadilles, tandis que la femme, nature angélique, ses fautes la précipitent hors des droits de l'homme ? Sommes-nous encore soumis au caté-chisme ? Et la justice ? Et les immortels principes ?

LA MÈRE

Mais... et l'amour dans tout ça, Marguerite ? La colère et l'orgueil sont de méchants conseillers.

MARGUERITE

J'aime qui m'aime. Et je punis qui me trahit.

Elle savait donc parfaitement bien ce qu'elle faisait en se séparant de mon fils. Et lui, qui la connaissait à présent mieux que jamais, résistait à se laisser punir en pratiquant une Lydia. Quel gâchis! Mais que faire ?

Philippe en sa chaloupe était un point foncé au milieu de l'eau bleue.

LYDIA

Où donc est Philippe ?

LA MÈRE

A la pêche, là-bas . . . Regardez.

LYDIA

A la pêche ?

LA MÈRE

Oui, en septembre on ne va pas souvent à la pêche. Mais Philippe est comme ça, il adore aller rêvasser en plein milieu d'un lac. Quand un crapet-soleil mord, il le rejette à l'eau.

LYDIA

Ah ? . . .

LA MÈRE

Marcel et Sébastien ont vu de beaux canards sauvages il y a un moment.

LYDIA

Des canards, à présent . . .

Et désignant mes neveux :

LYDIA

Ils n'en finiront donc jamais d'avancer des bouts de bois, ces deux-là ?

LA MÈRE

Evidemment. C'est une façon comme une autre de considérer les échecs.

60

Je comprends ça du plus vieux, de Marcel, c'est un comptable. Mais de Sébastien . . .

LA MÈRE

Ah, oui ? Vous êtes-vous déjà promenée dans le parc, Lydia ?

LYDIA

Je ne suis chaussée ni vêtue pour cela. Je ne m'attendais pas à rencontrer la forêt vierge en venant ici. La nature a tout envahi. Et on ne voit pas de maisons, il n'y a personne autour d'ici.

LA MÈRE

Où est-on mieux qu'entre soi ? Allez, venez. Nous prendrons un petit chemin de terre battue pas trop boueux. Vous pourrez dire à Philippe que vous avez suivi son « sentier des Iroquois ». Où étiez-vous donc tout à l'heure ?

LYDIA

Je me maquillais, je m'habillais . . .

Elle portait un ensemble chandail et pantalon en cachemire jaune canari au-dessus duquel ses yeux bleu foncé brillaient comme des gemmes. Elle me parut à la fois jolie et repoussante.

LYDIA

. . . Je faisais mon sac.

Votre sac, déjà ?

LYDIA

Vous ne vous imaginez pas que je vais passer une seconde nuit sous ce toit, j'espère ?

Je l'avais vue sortir du Camp, boudeuse, et plus renfrognée encore, ayant aperçu les joueurs d'échecs.

Mon invitation à explorer l'un des sites favoris de Philippe ne se pouvant refuser, elle me suivit en forêt avec sa mauvaise grâce coutumière, et sans le sourire d'apparat qu'elle arborait tout le temps en présence de mon fils.

Il s'agissait pour moi d'isoler l'intruse comme on isole un virus afin de l'étudier. Et de comprendre pourquoi Philippe avait attendu des mois avant de me la présenter presque à la sauvette. Pour autant qu'il y eût à cela une raison.

LA MÈRE

Attention à vos bas. Ou à votre pantalon. On n'a pas encore taillé les ronces.

LYDIA

Pourquoi tailler au lieu d'arracher ?

LA MÈRE

Parce que nous aimons les framboises.

LYDIA

Je ne soupçonnais pas chez Philippe un aussi grand goût pour la solitude.

On ne se connaît bien qu'avec le temps. Et vous m'en voudriez de vous expliquer mon fils. Cela vous gâterait le plaisir de la découverte.

Comme je ne la sentais plus derrière moi, je me retournai et la vis accroupie près d'une souche, blême et roide de terreur.

LA MÈRE

Ne bougez pas . . .
lui dis-je inutilement.

LA MÈRE

J'arrive. Eh bien . . . ? Qu'y a-t-il donc ?

Je vis qu'elle avait déplacé une motte de terre, laquelle découvrait une couleuvre rouge et gris.

Elle digère, dirait-on. Elle dormait. Elle semble trop lourde, trop lasse ou trop épouvantée pour s'enfuir sur-le-champ. Je ne tenterai pas de la prendre.

Je remis la motte de terre en place, par-dessus la couleuvre, délicatement.

LA MÈRE

Et pourtant, Lydia, si nous revenions voir, dans deux minutes, la couleuvre n'y serait plus.

LYDIA

Je ne reviendrai pas.

Il est rare qu'on voie dans la nature une couleuvre
lovée

LYDIA

Vraiment ? Mon sac s'est ouvert... Je fouillais
dans l'herbe pour ramasser mes affaires.

LA MÈRE

Vous manque-t-il quelque chose ? Laissez-moi
regarder.

LYDIA

Je ne crois pas.

LA MÈRE

Vous n'avez pas peur des couleuvres ?

LYDIA

Si.

LA MÈRE

Il y a... je ne sais quoi, qui semble unir ceux
qui aiment les serpents. Souvent les mêmes gens qui
aiment énormément les chats. Le serpent est l'un des
vertébrés les mieux adaptés à la création. Et c'est
un miracle et un mystère pour moi que cette créature
rampante soit si noble, si fière et si timide, si polie
en somme. Si propre aussi. Saviez-vous que certains
pythons d'Afrique vivent d'une manière symbiotique
avec certains chasseurs ?

LYDIA

Oh, non!

On s'habitue aux couleuvres. Allons, remettez-vous.

Chez nous, on tuait les serpents.

Eh bien, en plus d'être cruel, c'était idiot. Philippe aime bien les serpents. Et tous les animaux en général.

Et les vieux meubles et les idées nouvelles.

Les idées nouvelles, oui, aussi. Bien que je me demande ces jours-ci dans quelle mesure il les aime. Marchons, voulez-vous ?

Qu'appelle-t-il, qu'appelez-vous idées nouvelles, en fin de compte ? Il en est de toutes sortes.

Oh! Finalement les mêmes qu'on nous a rabâchées depuis longtemps et qui n'ont jamais eu cours que dans des cercles restreints. Mais quand même, Philippe... Regardez ces belles fougères cuivrées. Nos merisiers et nos francs-frênes, on les trouve aux deux orées du bois. Ici il y a surtout de la plaine, de l'érable, des conifères, des trembles, des bouleaux.

Madame, les arbres me laissent froide. On dit que la campagne est reposante mais j'ai dans les oreilles la sensation d'un vacarme assourdissant.

LA MÈRE

Le bois doré est silencieux. Il n'y a qu'un bruissement...

LYDIA

J'ai de bonnes raisons de haïr les idées nouvelles dont vous parlez. Je suis originaire d'un petit village des environs de Cortina : c'est dans les auberges à touristes que j'ai pris goût aux « public relations». Il y avait beaucoup de carrioles, de traîneaux en hiver. Mon père ferrait les chevaux. Les cochers d'hôtel m'emmenaient souvent faire des commissions à Cortina. On m'a remarquée, j'étais encore une petite fille...

LA MÈRE

Venant d'Autriche, quelquefois, nous sommes passés par Cortina d'Ampezzo...

LYDIA

Mon père était communiste. Et, comme là-bas il n'y a pas d'usine, il était le seul communiste du village. Moi, j'étais la fille du communiste.

LA MÈRE

Et on vous lapidait, ma pauvre Lydia ?

Non, madame. Les riches me plaignaient. Ça m'a plutôt servie, en réalité. Mais c'est pour vous dire qu'on m'a nourrie de sermons sur l'humanité, les droits de l'humanité, l'amour de l'humanité. Ces histoires-là n'ont rien de neuf pour moi.

LA MÈRE

Qu'est-ce qu'il y a de neuf, alors ?

LYDIA

Rien. Je ne sais comment je pourrai subir cette nature jusqu'à ce soir. Il y a trop d'arbres, c'est étouffant.

LA MÈRE

Dans votre pays d'enfance, il n'y a pas d'arbres ?

LYDIA

Chez nous, tout au fond de la vallée, c'était très boisé. C'est peut-être pour ça que ça m'étouffe. Je préférais les stations de sports d'hiver. Est-ce donc encore loin ce coin préféré de Philippe ?

LA MÈRE

Nous y sommes depuis un moment. Le sentier continue ainsi en serpentant jusqu'à la route cinquante-sept. Ce sont les garçons qui autrefois l'ont tracée, taillant les fourrés, respectant les bouleaux, les jeunes ormes, comme ceux-ci, tout jaunes . . . et les sorbiers des montagnes, vous voyez ces petites feuilles étroi-

tes ? Et celui-ci... c'est un mascou, les feuilles
étroites sont plus pointues.

J'aimerais revenir près du lac. J'ai un peu froid,
j'ai peu dormi. Une bête m'a empêchée de dormir
en criant au milieu de la nuit. J'ai réveillé Phil, qui
m'a dit : « C'est un oiseau ».

LA MÈRE

Il criait : Bois-pourri! Bois-pourri!

LYDIA

Je ne sais plus.

LA MÈRE

Bois-pourri! Bois-pourri! Bois-pourri!

LYDIA

Je vous en prie... Inutile d'en remettre. J'ai
ressenti une impression atroce.

LA MÈRE

On le nomme l'engoulevent criard. Il vole le bec
ouvert — il engoule le vent, n'est-ce pas ? Pour attra-
per des insectes. Et quand il est rassasié, il crie
son contentement.

LYDIA

Cela ne m'intéresse pas du tout, je vous assure.
Cette forêt non plus. D'ailleurs, quand on connaît
les Dolomites, je ne vois pas pourquoi on s'esclaffe-

rait devant les Laurentides, surtout devant celles-ci qui sont encore plus petites, toutes trapues.

LA MÈRE

N'est-ce pas ? On croirait d'immenses vagues de forêt et de roc déferlant sur le monde. Venez avec moi au sommet d'un grand rocher couvert de mousse que nous appelons le promontoire. On voit très, très loin. Et en ce moment c'est un tapis ondulant de rubis et de topazes et d'améthystes qui va d'ici jusqu'au lointain horizon.

LYDIA

Je vous fais confiance. J'attendrai Phil devant le chalet.

Je suis certaine qu'à ce moment précis de notre conversation je l'ai détestée de tout mon coeur. Il était impossible, mais totalement impossible qu'elle eût rien de commun avec mon enfant. Je l'attaquai par un autre côté.

LA MÈRE

Rentrons, alors, tranquillement, pour que votre beau pantalon de cachemire ne s'effiloche pas. Prenez garde à votre sac. Je voulais vous dire . . . lorsque mon fils était conseiller juridique d'une grande centrale syndicale, il était heureux, satisfait de ses responsabilités, de son rôle, nous pensions de la même manière lui et moi ainsi que sa femme.

Son expérience du monde ouvrier sera précieuse dans la grande industrie.

LA MÈRE

Précieuse pour les patrons.

LYDIA

Phil n'a pas le droit de réussir ?

LA MÈRE

Cela dépend en quoi. Tout le monde n'a pas tous les droits. Mais rentrez sans moi. Mes neveux vous distrairont.

LYDIA

Croyez-vous ?. . . dit-elle d'un air sceptique.

Je demeurai seule dans le bois. Tout était beau, lavé par la lumière; les mousses de plusieurs espèces et de plusieurs tons qui rappelaient avec la fougère et les prêles les paysages reconstitués du Carbonifère, les feuilles violacées des myrtilles en haut d'un rocher; les arbres naissants; les chanterelles qu'on prend de loin pour des écorces d'orange.

Je me dis que l'an prochain, à l'automne, je marcherais ainsi encore, lentement, en respirant lentement, vivant au rythme de l'andante. Je retirai mon blouson et j'en fis un sac pour y mettre des chanterelles. Le bois embaumait. Il serait encore plus beau débarrassé de tous ces longs arbres morts : du bois de chauffage pour des années à venir. Je le ferais corder le long du garage. J'emploierais pendant l'été un ou deux étudiants en génie forestier. Je reviendrais souvent en automne, en hiver.

J'achèterais la part de « Phil »; ce n'est certes pas mon Philippe qui vendrait la sienne! Sébastien, le bel errant, pousserait sûrement une pointe par ici, quelquefois : je persuaderais Marguerite de revenir avec les enfants dès l'été prochain. Le marché des valeurs était bas, ce n'était pas le moment de vendre des actions, ni des obligations; en dehors d'un immeuble de rapport, ma fortune était en portefeuille. Phil, sinon Philippe, me désapprouverait de perdre de l'argent pour satisfaire ma sentimentalité — ou ma sensiblerie. Il me faudrait réaliser au moins trente mille dollars. Je le ferais coûte que coûte. Et puis je me frotterais les mains sous son nez et lui dirais : « Va ton chemin, fais des folies ». Et puis, à mon tour, je léguerais ces bois et ces rives à mes petits-enfants avec une clause d'indivision, si cela était possible. Ils ne les vendraient jamais. L'air pur, l'eau pure, à cent milles de Montréal, c'était déjà rare et précieux. Alors, d'ici à vingt ans... Ils ne permettraient pas qu'on transforme le bois en désert, en motel, en je ne sais quel amas de bicoques et d'ordures. Et de la sorte, le lièvre, le rat musqué, l'écureuil rouge, la loutre, les mésanges, les crapauds, continueraient de vivre ici avec d'autres bêtes, en paix. Et pendant la chasse, le cariacou, accompagné de ses deux biches, se réfugierait encore ici.

J'approchai d'une éclaircie où je savais rencontrer quelque boitillante perdrix. Mais, je ne sais pourquoi, je passai outre et me hâtai vers la maison. Marcel partait au village, dans le petite auto de Sébastien.

Il y a un huard du côté de la Grande Pointe...
me dit-il, lui qui partageait ma prédilection pour les
animaux.

On a besoin de bière et d'oignons. Veux-tu autre
chose ? Un gros huard... Il appelle de temps en
temps.

Sébastien était près de la remise. Il avait enlevé
sa chemise écossaise pour fendre du bois. Au bout
d'un moment la sueur couvrit son dos bruni par
l'été. Il sifflait. Je lui dis de remplir le bûcher comme
si nous devions demeurer au Camp toute la semaine.
Il acquiesça d'un signe de tête et me sourit de toutes
ses dents larges et de ses yeux gris qui brillaient
dans son visage foncé.

Je trouvai Lydia devant le Camp, à demi étendue
sur la terrasse, regardant le lac et bâillant surtout.

LA MÈRE

Philippe n'aurait pas dû vous abandonner ainsi...
lui dis-je.

LYDIA

Phil ne m'a pas abandonnée... Je sais exactement
ce que je ne suis pas pour lui, en ce que je suis.

LA MÈRE

Qui vous dit le contraire ?

LYDIA

Je sais quelle place je tiendrai dans sa vie. Celle d'une vraie femme, auprès de qui il pourra se reposer, se délasser. Il fera de sa vie une part pour les affaires d'homme et une part pour moi. La femme est l'égale de l'homme à condition de rester dans le domaine qui lui est propre. Celui de la maison.

LA MÈRE

Il y a donc encore des gens pour soutenir des idées pareilles ?

LYDIA

Oui, madame. Phil n'épousera pas son vieux compagnon de lutte cette fois-ci, mais une vraie femme d'intérieur.

LA MÈRE

Et de relations extérieures; ou publiques.

LYDIA

Non, madame. Je quitterai mon emploi dès que nous aurons trouvé la maison de nos rêves, ou bien l'appartement qu'il nous faut; ce qui est difficile à Toronto. Et, même avant notre mariage, je me libérerai.

LA MÈRE

Comme toute vraie femme d'intérieur, vous êtes sans doute une bonne cuisinière. Est-ce que ça vous amuserait de nous faire à dîner ?

LYDIA

Je ne sais rien faire. Il y a des gens de maison pour cela. Du reste, j'ai l'intention de m'y mettre un jour. Recevoir, décorer, promouvoir la carrière de Phil, c'est là mon rôle.

LA MÈRE

En effet. Et pourquoi voudrais-je autre chose pour mon seul et unique enfant si c'est là son bonheur ? M'aiderez-vous du moins à préparer quelques légumes ?

LYDIA

Je ne sais pas si, pour mes ongles . . .

LA MÈRE

Préférez-vous tenir compagnie à ce pauvre Sébastien qui est aussi tout seul derrière le Camp, là-bas ? Il ne faut pas rester ici à vous ennuyer.

LYDIA

Pourquoi dites-vous « ce pauvre Sébastien » ? S'il était non figuratif comme c'est la mode, il serait moins pauvre.

LA MÈRE

Il vend tout ce qu'il veut. Il reste quelques amateurs d'art figuratif, heureusement pour lui. Mais il n'aime pas s'occuper de vendre.

LYDIA

Il y a des galeries pour cela.

Comme vous dites. Il ne veut pas non plus se lier à un marchand.

Philippe dit que c'est un grand peintre. Il connaît mieux cela que moi, et je lui fais confiance. D'autant plus que Sébastien est son cousin préféré. Il en parle très souvent.

Je voyais Lydia dépouiller peu à peu son personnage de belle indolente, de femme-enfant adorablement capricieuse et apeurée, flottant dans le sentiment amoureux, à mille milles au-dessus des soucis matériels, pour se montrer, mais à moi seulement, sous son véritable aspect d'ambitieuse, sur le qui-vive, soupesant sans cesse — et quel qu'en soit le prix — ses chances de sécurité auprès de mon fils.

A trente ans, au moins, et ayant raté quelques incursions dans la respectabilité, Lydia n'était-elle donc, après tout, qu'un chat de ruelle, rejeté ou perdu, qui se cherche une cave pour l'hiver ? Pour d'autres chats déjà installés, c'est un animal dangereux.

Et telle que je me connais — mon amour pour les fauves — je l'aurais prise en pitié, cette petite bourgeoise avec son arrivisme et son besoin maladif de se conformer à ce que notre société a de moins bon.

Il m'apparut aussi que peut-être Lydia dévoilait ses batteries beaucoup plus pour m'attendrir, pour m'en faire la complice — femme devant femme se comprend sans mot dire — que dans le but de m'affronter. Elle avait sans doute compris que la poupée qui disait « Phil » ne pouvait pas avec succès me jeter de la poudre aux yeux.

Et moi qui depuis fort longtemps, depuis la mort de Paul, ne mets plus jamais de masque pour personne, j'avais pris celui de la dame bonasse qui parle sans jamais élever la voix. Elle n'en était pas dupe non plus, sans doute.

Puis, en même temps que je la considérais telle qu'elle m'apparaissait maintenant, avec son ensemble de lainage fin, son étole à franges, son réticule exotique, ses chaussures de reptile à semelles de crêpe, faussement sport, ses bouclettes, ses incroyables cils, ses ongles démesurés, sa poitrine agressive, je voyais mentalement un félin pelé, galeux, efflanqué, affamé, qui avait le regard vif, méfiant, méprisant, sans espoir des bêtes qui n'ont de recours nulle part, qui n'ont pas même la solution du suicide.

Il fallait faire, naturellement, la part de l'imagination qui n'est pas la moindre de mes facultés et qui, sans mon bon sens, me jouerait des tours.

Marguerite ne savait pas attendrir de cette façon, elle. Ferait-elle jamais pitié même en ayant du chagrin ? Pas vraiment. Mère chatte de forte race, brossée, lustrée, bien nourrie, elle défendait toutes les portées du monde avec la sienne. Elle continuerait même sans le support moral que lui avait toujours accordé Philippe, sans sa protection, à crier justice pour les jeunes assassins, les parricides, les terroristes et autres petits pauvres; et à fustiger la société tout entière, en leur nom.

Et un beau jour, dans un monde devenu un peu

meilleur à cause d'elle et de ses pareilles, on la nommerait juge ou protectrice du peuple.

Ah! Marguerite se passerait très bien de nous. Mais il y avait les enfants. Et puis, il y avait moi.

Les causes perdues n'étaient plus attirantes. J'aspirais aux joies familiales et sereines, à la douceur des affections partagées, des visites, des échanges de petites nouvelles.

Ma joie était d'être grand-mère, la reine-mère de la famille, la matriarche, la bonne-maman, la belle-maman; d'avoir encore, à mon âge, des bras jeunes autour du cou de temps en temps, des bises fraîches sur les joues, des sourires, des paroles aimantes et de la tendresse.

J'entendais tirer le plus d'avantages possible de mes cheveux blancs, de mon sexagénariat. Tout ce que je donnais aux miens, je me le donnais à moi-même doublement; tout ce que je leur conservais, je me le gardais aussi pour moi, je me conservais dans les miens, dans mes biens, dans les objets que j'aimais, pour bien longtemps après mon départ.

Avec mon fils, mes petits-enfants, ma bru, je me sentais richissime, sauvegardée contre tout mal. Contre l'abandon, la solitude, l'ennui, la maladie, la souffrance, la faiblesse et la mort. Contre tout ce qui guette le vieil âge solitaire et qui l'écrase, le tourmente et l'abrège inutilement.

Et c'est Lydia qui allait me forcer à chercher, à trouver un nouvel équilibre, à construire une nouvelle forteresse ? Ainsi réfléchissant à toutes ces choses — j'avais l'air de scruter l'horizon — je me demandais aussi comment cette Lydia qui s'étirait là sur la chaise longue de jardin, comment, dis-je, elle avait perdu son précédent mari. Perdu ou semé ses autres maris ou amants. Et je me disais, avec espoir, que certaines personnes n'apprennent rien de leurs gaffes. Cependant, elle était intelligente. Mais si, pourtant, elle gagnait la partie, moi je perdais tout. Je faisais face à une situation : allais-je m'en accommoder, espérer sans rien faire qu'elle se détériore d'elle-même ?

Accepter de prendre une semaine l'avion pour Toronto et l'autre semaine le train pour Québec ? Ou bien attendre ici ou en ville qu'on se souvienne de moi ?

Et puis, tout à coup, je vis clair en Lydia. Non, elle ne tentait pas de m'attendrir, non, elle ne tenait pas à ce que je devienne sa complice. Bien à l'opposé. Par son attitude désagréable, elle me signifiait la puissance de son empire sur mon fils; et qu'elle n'envisageait pas de s'accommoder d'une belle-mère. Alors, quoi faire ? Lui dire : « Partez, vilaine femme! Vous êtes un monstre », puisque la diplomatie ne me servirait à rien ? Ou bien lui dire mon intention de m'installer à Toronto ? La vie m'était une suite ininterrompue de dilemmes. Je lui dis :

LA MÈRE

Entendez-vous ? Sébastien fait du bois. Une façon à lui de développer sa musculature. De tenir la forme, comme on dit aujourd'hui, assez vulgairement d'ailleurs. Vous pouvez aller l'admirer, il en vaut la peine.

LYDIA

Cela ne m'amuse pas, très franchement.

Je ne vois plus Philippe. Il a dû ramer du côté des éboulis.

Marcel et Sébastien avaient donné leur accord, pour vendre, parce que Philippe n'est pas toujours facile quand il a décidé quelque chose, et que mes neveux voulaient éviter un conflit. Mais ils adorent le domaine, autant que moi, presque. J'éprouve un grand soulagement maintenant que nous ne vendons plus.

LYDIA

Phil a déjà mis cette propriété en vente, m'a-t-il dit.

LA MÈRE

Il n'y a qu'un coup de téléphone à donner à l'agent d'immeubles pour annuler; c'est un détail.

LYDIA

Phil m'a dit que la municipalité du lac l'avait pressenti en vue d'acquérir cet endroit pour en faire une plage publique et un terrain de camping.

LA MÈRE

C'est exact. Mais il n'en est plus question puisque, moi, j'achète la part de mon fils.

LYDIA

Mais Phil m'a dit . . .

LA MÈRE

C'est tout. Marcel viendra comme d'habitude avec

sa famille. Marguerite et les enfants reviendront. Ils ont toujours été heureux ici, les enfants. Dix enfants, en tout. Quand ils ont des amis, c'est fou! On met des matelas par terre dans la grande véranda, on déroule les sacs de couchage et les plus vieux des garçons vont y dormir en rang d'oignons. On parvient à caser tout le monde. Parfois, une famille amie vient planter sa tente, sur la plage, de l'autre côté du marais.

LYDIA

Vous voulez débourser de l'argent pour devenir maîtresse de cette propriété ?

LA MÈRE

Est-il besoin de mettre les points sur les i ? Oui, c'est cela que je veux faire.

LYDIA

Rien de plus fâcheux parfois que ces questions d'argent entre gens d'une même famille.

LA MÈRE

Si Philippe veut me faire cadeau de sa part du domaine, je ne refuserai pas.

LYDIA

Ça n'est pas ce que je voulais dire. J'avais compris que son ex-femme préférait la mer.

LA MÈRE

Marguerite n'est pas encore son ex-femme.

C'est l'affaire de quelques semaines. Avant Noël, Phil et moi serons mariés.

LA MÈRE

Le diable aidant, cela se peut. En tout cas, m'étant portée acquéreur, j'espère que mon fils acceptera de me vendre à tempérament.

LYDIA

Nous en serions gênés. Et si vous mourriez ?

LA MÈRE

Ce qu'à Dieu ne plaise ? Mes héritiers continueraient les paiements.

LYDIA

Alors, vous resterez ici ? Puisque vous en avez décidé ainsi, vous auriez dû m'épargner ce séjour dans un lieu qui a tout pour me rebuter et que Phil n'aime plus du tout.

LA MÈRE

Il l'aime si peu qu'il le contemple depuis bientôt deux heures.

LYDIA

Phil m'avait expliqué votre engouement pour son ex-femme.

LA MÈRE

Ah ?

Oui. Et il m'avait dit que vous étiez prévenue contre moi. Je sais depuis le début que je n'ai rien à attendre de vous, malheureusement pour moi. Vous m'avez jugée mal, une fois pour toutes. Enfin, même s'il peut difficilement refuser votre offre, je serais étonnée que Phil fût satisfait des arrangements que vous proposez. Il a été bien trop exploité par les syndicats pour avoir pu mettre beaucoup d'argent de côté. J'entends qu'il n'a jamais reçu d'eux un salaire en rapport avec les services qu'il leur rendait. En plus, aujourd'hui il est forcé de donner un montant exorbitant pour l'entretien des enfants.

Exorbitant ? Vous trouvez ?

C'est évident. Phil peut-il à son aise vous demander à vous le prix qu'il demanderait à un étranger ? Nous comptions sur la somme qu'il retirerait de la vente du domaine pour nous installer à Toronto. Pour cette raison, j'estime que votre offre d'achat est abusive. Et je pense que vous agissez bien plus pour nous nuire que pour rassembler autour de vous vos petits-enfants.

Pour vous nuire ?

Oui, c'est encore une évidence. Car vous pourriez encore mieux employer votre argent à vous installer à Québec même, à proximité de l'ex-femme de Philippe.

LA MÈRE

Elle n'est toujours pas son ex-femme. Ainsi, mon attachement pour ce domaine n'entre pas dans vos calculs ? Il ne compte pour rien ?

LYDIA

Moi qui ai quitté depuis longtemps famille et patrie, je conçois très bien, je vous assure, qu'on se détache d'un coin de terre.

LA MÈRE

Parce que vous n'en aviez pas un à vous, en bien propre.

LYDIA

Vous non plus. Cet endroit-ci n'est pas à vous.

LA MÈRE

Pas encore, mais c'est tout comme. Et, comme vous dites, Philippe se doit, même à regret, d'accepter mon offre. Cependant, en guise de paiement, je pourrais m'engager à remettre à Marguerite les cinq cents dollars par mois qu'il lui envoie pour les enfants. Vous n'ignorez pas que ma bru n'accepte rien pour elle-même ?

LYDIA

Rien. Sauf cent dollars de plus que convenu, selon le chiffre que vous avancez.

LA MÈRE

C'est pour répondre au désir de Philippe. Comme

il gagnera plus d'argent, il trouve naturel d'augmenter la pension aux enfants. Il s'en tire encore à bon compte.

Leur mère travaille.

Ma bru travaille à l'Assistance Judiciaire, exclusivement, ce qui n'a jamais enrichi aucun avocat.

De toute façon les discussions d'ordre pécuniaire ne regardent que les procureurs de Phil et de son ex-femme.

Tant qu'ils seront en instance de divorce cela me regardera aussi. En qualité de grand-mère j'ai un devoir de protection à exercer. S'il ne me vient pas du Code, il me vient de la Tradition et de la Morale; de l'Equité sinon du Droit.

Voilà une mission de la plus haute fantaisie! Restez-en donc à vos récits féeriques, madame, au lieu de réinventer la Tradition pour votre compte.

Je m'étais affalée dans l'une des chaises laurentiennes que nous avions peinturées en rose, Jeanne et moi, l'avant-dernier été.

Je voyais par le soleil qu'il était plus de quatre heures. Et je me faisais une fois encore la réflexion que, depuis la fin d'août, le brillant soleil d'après-midi nous réchauffait de moins en moins. Il y avait dans l'atmosphère, à mesure qu'approchait l'automne, une sorte de lourdeur sèche, une tension entre le chaud et le froid qui fatiguait les nerfs. C'était le passage de l'air humide et moelleux au froid cassant. Nulle part au monde peut-être ne percevait-on aussi clairement que dans les Laurentides la transition entre les saisons.

Chez nous, le soleil de septembre est un soleil déjà distant qui nous éclaire encore assez longtemps, mais dont l'attention semble appelée ailleurs, alors que dès la fin de mars il est l'ami intime qui tâche à vous atteindre.

Je le voyais décliner à travers la myriade agitée, toujours bruissante au-dessus de nous : les feuilles de bouleaux, comme des poissons ronds, vert et or, nageant dans l'azur.

Là-haut, dans le ciel, un épervier survolait son aire.

Lydia avait su me clore le bec. Et je ne trouvais rien à lui dire.

Marcel, depuis un moment revenu du village, avait sorti une vingtaine de tableaux du Camp et les époussetait avec un grand torchon. Je l'avais regardé sans le voir, pour ainsi dire, jusqu'à cette minute :

LA MÈRE

Qu'est-ce que tu fais, Marcel ?

MARCEL

Je les nettoie avant de les placer dans le coffre de l'auto.

LA MÈRE

Bon. Eh bien, va les remettre aux murs.

MARCEL

Non. Les tableaux de Sébastien, c'est ce que j'emporte d'abord.

LA MÈRE

Ça n'est plus nécessaire. Remets-les en place, nous ne vendons plus ; je t'expliquerai.

MARCEL

Nous ne vendons plus ? Philippe a changé d'idée ? C'est sérieux ? Ça, c'est une nouvelle extraordinaire.

LA MÈRE

Laisser tout ça à des étrangers, cela ne se pouvait pas, tu vois.

LYDIA

Ce que vous avez décidé est absurde ; et surtout malveillant à mon endroit.

Faisant pour me contenir d'énormes efforts, je lui avais parlé jusqu'ici d'une voix calme et ferme. Le moment venait pourtant où je ne pourrais plus endiguer ma colère. Et pourquoi donc la contenir plus longtemps ? Est-ce que la partie entre elle et moi ne se jouait pas aujourd'hui même ?

LA MÈRE

Vous dites cela parce que vous refusez de me comprendre. J'aime le Camp. Je ne me sens bien qu'ici. C'est ici que j'ai puisé toute mon inspiration. J'y viens depuis quarante-quatre ans, exactement; rien n'a vraiment changé. Est-ce que je dois m'effacer parce que je suis une aïeule ? Est-ce que je dois renoncer à avoir des préférences parce que j'ai plus de soixante ans ? Mes goûts ne peuvent-ils pas eux aussi être pris en considération ? Moi qui puis espérer vivre encore plus de vingt ans, suis-je plus près de la mort que les gens de trente-cinq ans qui mourront demain d'un infarctus ?

LYDIA

Je n'ai pas à vous comprendre. Vous aimez cette cabane et ces arbres alors que vous devriez aimer plus votre fils.

Nous avons besoin d'au moins trente mille dollars comptant pour nous installer convenablement par rapport à la nouvelle situation de Phil.

LA MÈRE

En ce cas, il me les demandera et je les lui donnerai.

LYDIA

Oui, en liquidant des valeurs, à perte, et en diminuant aussi votre succession.

LA MÈRE

Il y aura donc moins d'impôts à payer.

LYDIA

Car ce que vous espérez surtout, n'est-ce pas, c'est qu'il reviendra ici en été pour voir les enfants ?

J'espère qu'il trouverait cela tout naturel. A moins que vous ne préfériez les avoir chez vous; et vous en occuper durant le mois qu'ils doivent passer avec leur père.

LYDÍA

Un mois, c'est beaucoup trop.

LA MÈRE

Vous le direz à Philippe.

A son tour, elle ne trouva rien à répondre. Je me fis le reproche de lui avoir trop tôt peut-être montré mon inimitié. Mieux valait orienter autrement la discussion.

LA MÈRE

Venise ne relègue pas Rome dans l'ombre... les Dolomites avec leurs escarpements, leurs aspérités, leurs piliers gris-vert n'empêchent pas que les Laurentides soient très belles, même celles d'ici, les plus anciennes, dans leur tranquille majesté, roulant à l'infini en direction du Nord...

LYDIA

Moi, je ne suis pas obsédée par un paysage, mais par mon avenir avec Phil. Un nouveau départ pour nous deux. Il doit être parfait. Tout de suite, en débutant, Phil ne gagnera pas vingt-cinq mille dollars par année. Mais il fera encore beaucoup plus, sans doute, d'ici dix ans. S'il joue bien ses cartes.

La curieuse expression, s'appliquant à Philippe!

Voulez-vous me dire, là, franchement, pourquoi vous avez besoin tout de suite d'une aussi grosse somme ?

Mais oui, et vous allez voir qu'elle n'est pas exagérée. Une maison qui vaut quarante mille dollars à Montréal en vaut cinquante ou cinquante-cinq mille, peut-être, à Toronto. En tout cas, beaucoup plus. Nous n'allons tout de même pas louer un appartement de quatre pièces dans un quartier populaire! A son âge, Phil ne peut pas avoir l'air de débuter dans la vie. Ce ne serait pas le moyen à prendre pour devenir vice-président de la compagnie après deux ans, comme nous en avons l'ambition. Nous prendrons une hypothèque, bien entendu : avec de la chance elle sera inférieure à neuf pour cent. Mais on n'achète pas une bonne maison dans un bon quartier, là-bas, avec un déboursement initial de cinq mille dollars.

C'est bien. Vous savez compter.

Oui, madame. Est-il plus intelligent de ne pas savoir ?

Je ne dis pas cela. Mais il y a des appartements . . .

Quant aux appartements, les moins chers parmi ceux qui nous conviennent coûteraient neuf mille dollars par année, environ. On y perdrait. Puis il y a les meubles, la décoration, nos deux voitures. Et il faut compter deux ou trois mille dollars, au moins, pour faire partie de certains clubs, dont il faut obligatoirement devenir membres, si on veut rencontrer du monde.

Nous devons nous installer dès le départ dans la réussite, afin de réussir au-delà de nos espérances; vous le voyez bien! Phil m'a dit que vous ne receviez presque jamais, hormis la famille. Donc, vous ne pouvez pas savoir ce que ça coûte. Par exemple, il faudra donner un cocktail par mois pendant la saison, plus une très grande réception et recevoir tout le temps à dîner. Je ne veux pas, à cause des dépenses nécessaires, me sentir jamais prise à la gorge — je n'ai que trop connu cette sensation-là — et devoir me remettre au travail.

Je vois à votre air d'étonnement qu'à toutes ces choses vous n'avez jamais jamais songé . . .

LA MÈRE

Il est vrai. Et je ne vois toujours pas mon Philippe en Rastignac d'âge mûr, se jetant dans le tape-à-l'oeil, vivant au-dessus de ses moyens, pour le douteux avantage de frayer avec l'Establishment qu'il a toujours combattu, comme l'ennemi principal du vrai progrès.

LYDIA

Il ne perdra plus son temps et son talent à combattre l'Establishment. Au contraire.

LA MÈRE

Vous préférez voguer sur la crête des vagues plutôt que draguer les bas-fonds. Pourtant c'est d'en bas que l'on comprend.

LYDIA

Je me contenterai de vivre avec tout le confort possible en suivant les règles de ceux qui les ont faites et qui les maintiennent : les Puissants, ceux qui ont tous les pouvoirs.

LA MÈRE

C'est cela qu'on appelle la réaction, entre autres.

LYDIA

Cela vaut mieux qu'être radical. Si j'étais un homme, je me dirais de droite. Vous qui aimez la nature, comment ne comprenez-vous pas mieux celle des hommes ? Le monde appartient aux plus intelligents et aux plus forts.

LA MÈRE

Vous dites cela pour vous rendre encore plus odieuse; afin qu'à cause de vous je répugne à voir mon fils.

LYDIA

Il est certain que nous ne tirerions pas grand profit de rencontres trop fréquentes.

Etes-vous bien sûre de faire un bon calcul ? Philippe est plus près de sa mère qu'il ne semble en ce moment. Lorsque son engouement pour vous se sera rafraîchi, il pourrait bien vous reprocher de m'avoir tenue à distance.

LYDIA

Evitons de parler politique.

LA MÈRE

Les sermons qui vous ont déplu dans votre jeunesse, ne me les servez pas à rebours. Il sied mal à la fille d'un communiste de vanter ceux qui s'emparent du monde par la force et qui le volent aux autres hommes.

Soudain, j'eus devant moi une femme moins arrogante et moins sûre d'elle.

LYDIA

Vous m'en voulez surtout de ce que Phil refait autrement sa vie avec moi, et que cela dérange vos habitudes.

Elle parlait d'une voix éteinte et ses yeux ouverts très grands fixaient un brin d'herbe. Ses lèvres frémissaient.

LYDIA

Je connaissais votre ressentiment, avant de vous

rencontrer. Je connaissais votre opinion à mon égard. Phil m'avait donné à lire la terrible lettre que vous lui aviez écrite et dans laquelle vous le traitez d'idiot et d'irresponsable.

Il est vrai que j'avais écrit à mon fils une lettre d'indignation et de reproches après qu'il m'eut annoncé son départ pour l'Ontario. Impossible de la laisser déchiqueter brutalement mon mode de vie sans crier. Et je lui avais permis de faire état de ma lettre si bon lui semblait. Mais sur elle, Lydia, je m'étais gardée de rien écrire, discrètement.

LA MÈRE

J'étais en colère. Philippe ne me prend pas au tragique.

LYDIA

Les parents doivent laisser leurs enfants conduire leur propre existence. A quel âge vous effacerez-vous donc devant votre fils ?

LA MÈRE

Jamais. Je demeurerai un membre actif de sa famille jusqu'à ma mort, réelle ou latente. Et dans un asile de vieillards il faudra me porter inconsciente, ou paralytique de la langue et des mains, ou bien complètement gâteuse. Je ne me sacrifierai jamais pour lui donner bonne conscience. D'ailleurs, il me l'interdirait. Vous ne le connaissez pas bien si vous croyez le contraire. Quoi qu'il en soit, ce qu'il fait avec vous est idiot. C'est ce que je pense.

Et puis je m'aperçus qu'elle pleurait. Or Lydia, redevenue fragile et vulnérable, me parut plus dangereuse que la machine à calculer qu'elle était au fond d'elle-même. Mais, si Philippe l'entendait moquer tout ce qu'il avait tenu pour sacré jusqu'à présent, il s'en souviendrait plus tard.

LA MÈRE

Vous ne me ferez pas croire, à moi, sa mère, qu'à cause de vous, mon fils va renier ses idéaux de justice, tout son passé de syndicaliste militant.

LYDIA

En quittant Montréal, il tourne une page de sa vie. Je ne crois pas qu'il veuille rien trahir. J'aime assez Phil pour vivre auprès de lui n'importe où, même dans son ombre.

LA MÈRE

Je sais.

LYDIA

Alors, à quoi bon me faire la guerre ? Je ferai tout ce qu'il veut.

LA MÈRE

Montréal lui rappelle ses amis, son milieu, ses enfants, Marguerite. Il fuit à Toronto. Ce départ est bien plus une fuite qu'un besoin de renouveau. Dieu sait que, si Marguerite n'avait pas tellement dramatisé votre petite aventure, vous n'auriez jamais pu retenir Philippe.

LYDIA

Aussi dois-je beaucoup de reconnaissance à son ex-femme.

LA MÈRE

C'est un mariage qui s'est fait dans l'enthousiasme, la ferveur réciproque et dans l'amour des hommes. Elle ne sera jamais son ex-femme.

LYDIA

Moi, je me tuerais pour Phil.

Je crois que si elle avait dit : « Je me tuerais pour votre fils » ou bien « pour Philippe », je l'aurais presque crue sinon applaudie. Mais pour un « Phil » est-ce qu'on se tue ?

LA MÈRE

Marguerite et Philippe, eux, se préoccupaient de vivre dans un même idéal.

LYDIA

Tout au long de mon enfance, je n'ai jamais autant de fois entendu parler d'Idéal que depuis ce matin. A tout propos, il s'agit d'Idéal. L'amour parfait entre deux êtres est-ce que ça n'est pas aussi un idéal ?

LA MÈRE

On peut en discuter.

95

Phil et moi sommes un vrai couple.

Après avoir dit ces mots elle éleva sa main gauche jusqu'à son nez et regarda longuement le beau saphir que mon fils lui avait offert pour leur fiançailles. C'était le plus cher de ses cadeaux, car il lui en avait donné bien d'autres.

Ce qui m'inquiétait pour l'instant, c'étaient les yeux humides de Lydia, son expression d'enfant battue. Dans quelle mesure une certaine pitié, une certaine condescendance, un sentiment de protection et de supériorité entraient-ils dans l'amour que mon enfant professait envers cette femme ?

Je sentais que Philippe devait être sur le chemin du retour. Il me semblait le voir ramer paresseusement en passant devant la Petite Pointe et sa crique.

J'étais à bout d'inventions. Que dire, pour qu'elle s'aigrisse, se durcisse encore, reste fâchée ? Pour qu'elle affirme comme il y a un moment des choses assez rétrogrades pour révolter Philippe ? Je lui dis :

LA MÈRE

Un vrai couple ne s'unit pas par un coup de tête.

LYDIA

Ce n'est pas un coup de tête mais un coup de foudre...

répliqua-t-elle de la voix douce et ennuyée qui lui était habituelle.

Philippe s'est précipité dans vos bras par dépit envers sa femme qui l'avait laissé.

LYDIA

Elle l'avait laissé. Je ne vous le fais pas dire.

LE MÈRE

Il ne vous aurait pas regardée une seconde fois, si elle avait passé l'éponge. Vous n'avez rien qui retienne tellement l'attention, après tout. Est-il même probable qu'un autre homme d'une certaine classe vous remarque ?

LYDIA

Si je reçois des congressistes de tous les pays, dans l'un des plus grands hôtels du Canada, et ce, depuis trois ans, ce n'est pas à cause de mon insignifiance, chère madame.

Marcel parut de nouveau à ce moment-là, m'évitant ainsi de répondre; je ne sais pas quoi, d'ailleurs. J'admirais son assurance, son habileté à paraître fragile pour mieux désarmer l'interlocuteur, et à répliquer de façon à se faire valoir.

MARCEL

Et alors!... Le parlement des dames! Quand est-ce qu'on ajourne, mesdames ? Les croûtes de mon frère ont repris leur place, ma bonne tante. Il en avait du talent, à seize, dix-sept ans! Dommage, hein ? ma belle enfant...

dit-il, en s'adressant à Lydia...

MARCEL

. . .que Sébastien ne veuille plus faire de portraits.
Dommage pour vous. Est-ce l'heure du thé, tante
Léa ? Il est quatre heures et demie au moins. J'ai
faim . . . j'ai soif.

LA MÈRE

As-tu vu mes girolles ?

Je lui montrai mes champignons.

LA MÈRE

Je les ferai sauter avec un tout petit peu d'oignon
pour accompagner l'omelette, ce soir.

MARCEL

Prends plutôt de la ciboulette.

LYDIA

Pourquoi est-ce dommage pour moi que votre
frère ne veuille plus faire de portraits ?

Je bénis intérieurement Marcel d'avoir apporté
cette diversion.

LA MÈRE

Qu'est-ce que c'est, cette histoire de portraits, mon
gros ?

MARCEL

Tu n'es pas au courant ? Sébastien a refusé à
Philippe de peindre Lydia, même dans une certaine
robe, extraordinaire, disait-il.

98

Ma robe bleu turquoise!

MARCEL

C'est toute l'histoire. Je dis que c'est dommage parce qu'il a l'oeil pour la ressemblance, mon frère. Et quelle patte!

LA MÈRE

Eh bien! Tant pis. Alors, le thé, si on le prenait dehors ? Tu m'aides, Marcel ?

LYDIA

Comment, tant pis ? C'est très important, au contraire, un portrait de soi, à l'huile, par un peintre; c'est une chose prestigieuse à montrer.

LA MÈRE

Ah! oui... Cela « place » dans l'univers des P.D.G.

LYDIA

Oui, madame, cela « place ». Et surtout, cela impose.

MARCEL

C'est un beau souvenir à garder. Surtout quand on a des enfants.

LYDIA

Ainsi Phil a eu cette charmante intention...

dit-elle en se tournant vers moi comme pour me dire :

« Vous voyez combien il m'aime ». Ce qui ne l'empêche pas de le dire aussi d'ailleurs, en se cramponnant des deux mains à ses propres épaules avec l'air de me narguer.

LYDIA

Ah!... Que c'est bon d'être aimée!

LA MÈRE

Il y a au moins cinq ans que Sébastien n'a pas fait de portraits — sinon d'Esquimaux et d'Indiens dans le Grand Nord. Il ne fait plus que de petites pochades en pleine nature. Parfois, pour manger, comme il dit, il en transforme une en un grand paysage, dans son studio. Il va peindre partout dans le Québec, à titre documentaire, et particulièrement dans les lieux qui seront transformés par l'industrie d'ici vingt ans.

LYDIA

Encore un apostolat, je suppose ?

LA MÈRE

Ben oui. Nous sommes tous un peu missionnaires dans la famille. Au cours des belles années du catholicisme romain, le Québec envoyait de par le monde, proportionnellement, plus de missionnaires et d'argent que n'importe quel autre pays occidental.

Aujourd'hui nous entreprenons de nous changer, de nous sauver nous-mêmes. C'est l'époque qui veut ça. C'est pareil un peu partout. Je crois qu'il vaut mieux faire votre deuil d'un portrait de Sébastien. Ou bien, attendre quelques années, quand il aura le temps.

Et j'entrai dans le Camp. Plus tard, en installant les tasses sur la table ronde de la terrasse, je constatai qu'il n'y avait plus là que Marcel, lisant *Le Devoir*. Philippe revenait en ramant sans se presser. La hache de Sébastien ne s'abattait plus sur les rondins. La forêt nous encerclant aux trois quarts, parsemée çà et là de tons vifs, éclaterait en couleurs exubérantes d'ici dix jours. En octobre elle deviendrait fauve; puis en novembre grise et vert sombre avec encore quelques points d'or; puis en décembre et jusqu'en mars, noire et blanche.

Depuis quelques années, il y avait chaque dimanche, en hiver, plus de mille motoneiges sur le lac glacé. Elles venaient des environs et de beaucoup plus loin; de Saint-Jovite, du lac Simon, de Brébeuf et des Seize-Iles, de Sainte-Agathe, de Mont-Tremblant, par les sentiers tracés pour elles à travers les forêts montagneuses.

L'été, dans ces étroits chemins qui servaient en hiver aux motoneiges, on montait à cheval.

Les plus grands de nos enfants louaient des montures chez les habitants. Partant tôt le matin, parfois avec leurs mères, ils ne revenaient qu'à la nuit tombante après avoir cassé la croûte au bord d'un torrent, ou bien sur une hauteur dominant un autre village. Comme autrefois Paul, je rêvais moi aussi qu'un jour nous aurions des chevaux à nous.

Seigneur, qu'il faisait beau! Le soleil était tout près des montagnes, à présent, et s'élargissait en une immense nappe vermeille. Philippe gravissait l'escalier dallé qui menait de la plage à la terrasse, la mine contente, rajeunie :

PHILIPPE

Je n'ai rien pris, naturellement. Mais j'ai vu un huard! s'écria-t-il.

LA MÈRE

Tes cousins l'ont vu. Moi, je ne l'ai qu'entendu. Regarde ce que tu vas manger ce soir, mais pas avant huit heures.

PHILIPPE

Hume!...Des champignons! Où est Lydia ?

LA MÈRE

Elle est peut-être allée jaser avec Sébastien... Nous avons eu une discussion un tant soit peu animée, elle et moi. Je puis te dire qu'il ne subsiste aucun sentiment équivoque entre nous.

PHILIPPE

Ça se tassera. Vous m'aimez bien toutes les deux, n'est-ce pas ? Alors!

LA MÈRE

Elle m'a mise au courant de vos affaires. Donne-moi huit jours, tout au plus, tu auras la somme qu'il te faut.

PHILIPPE

Je suis désolé, ma petite mère... Si je pouvais me passer d'argent... Tu sais qu'il y a une foule de souvenirs qui me sont revenus tandis que je regardais le domaine. C'est toi qui as rentré les bateaux, Marcel ?

MARCEL

Avec mes aînés, la semaine dernière, quand j'ai su qu'il fallait vendre. Je comptais ranger la chaloupe aujourd'hui ou demain.

LA MÈRE

Vous les remettrez à l'eau, puisqu'on ne vend plus. C'est très agréable de se promener sur le lac en automne. J'ai déjà joué à cache-cache avec une marmotte, je me rappelle...Lydia doit être dans sa chambre en train de fermer son sac. Elle veut retourner en ville ce soir.

Marcel, alors, sortit de sa poche une clé de voiture et la tendit à Philippe en disant :

MARCEL

Prends l'auto de Sébastien. Mon frère et moi resterons au Camp avec tante Léa jusqu'à dimanche soir et nous reviendrons dans ton auto avec les objets que tu veux emporter à Toronto, s'il y en a.

PHILIPPE

C'est une idée. Nous partirons après souper. Je ne veux rien de ce qu'il y a ici...

ajouta mon fils d'un ton sobre, pour ne pas dire morne.

J'allai dans la cuisine chercher l'assiette de sandwiches aux concombres que j'avais préparée pour le thé. Philippe m'y rejoignit et me dit que Lydia n'était pas dans sa chambre.

Par l'une des fenêtres de la cuisine qui donnaient sur l'arrière du Camp, sur le garage, le rond-point, le chemin et la forêt, on pouvait voir Sébastien à côté d'un amoncellement de bûches.

Il bombait le torse, il faisait tournoyer la hachette avec des mouvements amples, un grand déploiement de bras et de muscles plus spectaculaire qu'efficace. A côté de lui se tenait Lydia . . .

PHILIPPE

Qu'est-ce qu'ils font là ?

LA MÈRE

Je ne sais pas, moi. Ils s'amusent. Lydia se distrait. Elle admire ton cousin qui fait la roue à sa manière. Tu le connais.

PHILIPPE

Bon. Bon, je vais le remplacer.

LA MÈRE

Il y a déjà une montagne de bûches.

Philippe, qui regardait par-dessus mon épaule, eut un tressaillement. Lydia avait pris le bras de Sébastien avec ses deux mains.

Sébastien lui fait mesurer ses biceps! C'est décidément une petite vanité qui ne lui passe pas.

Mais comme s'il ne m'avait pas entendue, Philippe était déjà à la porte et appelait sa fiancée. Je lui criai que le thé était servi et retrouvai Marcel, toujours sur la terrasse.

L'idée que mon fils venait d'éprouver un pincement de jalousie, de jalousie physique, m'agaçait. Il m'apparut que je comprenais de mieux en mieux le ressentiment de Marguerite. Les amours fougueuses, intemporelles n'appartiennent qu'à l'âge tendre.

Lorsque autrefois Philippe, contemplant Marguerite, en oubliait de manger, je souriais. Mais je ne souriais pas de le voir à son âge se raidir parce que sa maîtresse pressait le bras d'un autre homme.

Quoi qu'il en soit, j'avais aussi sujet d'être de mauvaise humeur avec Marcel; et je ne pus le lui dissimuler.

LA MÈRE

Tu as été mal inspiré, Marcel, de donner cette clé d'auto à Philippe.

MARCEL

Il y aurait pensé tout seul. Deux personnes qui veulent partir tout de suite prennent la petite auto afin de laisser la plus grande aux trois autres personnes qui veulent rester jusqu'au lendemain, et qui ont plus de bagages; le réfrigérateur portatif, par exemple; c'est mathématique.

Pas nécessairement. Tu aurais pu suggérer à Sébastien de s'en aller le premier sans rien dire. C'est un bohème. Personne n'aurait trouvé ça surprenant. Lydia n'aurait pas eu de soupçons et serait restée ici, par la force des choses, jusqu'à demain soir.

MARCEL

Rester ? Mais pourquoi donc ? Tu me cherches des poux, ma bonne tante, parce que ça ne tourne pas rond à ton goût.

LA MÈRE

Non, ça ne tourne pas à mon goût. Qu'avais-tu donc à t'en mêler ? Tu les fais partir bien trop tôt. D'ici à demain soir, moi, je pouvais trouver quelque chose, je ne sais quoi, pour ouvrir les yeux de Philippe. Il y a deux minutes, je le sentais pâlir, je te jure! A côté de moi, il est devenu vert et glacé parce que Lydia tâtait le bras de ton frère. Je ne peux admettre cela; je ne peux pas comprendre.

MARCEL

Allons, tu magnifies tout. Tout ça n'a pas empêché Philippe d'aller méditer dans la nature comme de coutume.

LA MÈRE

Es-tu sûr qu'il n'est pas allé plutôt évaluer le domaine afin d'être bien certain que le prix convenu n'est pas inférieur à ce que vaut réellement sa part ?

MARCEL

Ben, voyons, ma tante!

LA MÈRE

Tu ne sais pas à quel point ton cousin est devenu mercenaire. Non, vraiment, tu n'en as aucune idée. J'aurais voulu que tu entendes sa bonne amie me décrire comment ils entendaient dépenser trente mille dollars d'un coup sec. D'ici à demain soir, j'aurais eu le temps de lui donner un croc-en-jambe, à celle-là. Maintenant, c'est fini. A moins qu'au souper...

MARCEL

Tu ressembles à un bouledogue, tante Léa. Quand tes crocs se sont refermés sur une jambe de pantalon, tu ne lâches pas.

LA MÈRE

Non, je ne lâche pas. Tu ne comprends donc pas ce qui se passe ?

MARCEL

Je comprends que tu risques de te retrouver avec un bout de tissu entre les dents. Ecoute! c'est fantastique que tu deviennes copropriétaire avec Sébastien et moi! Mon frère ne veut pas vendre, au fond. Jeanne va se mettre après Marguerite pour qu'elle revienne ici comme chaque année. Ça ira bien, tu verras. Et puis, nous sommes toujours là, nous autres. Pour mes enfants, tu sais, tu es plus une grand-mère qu'une grande tante. Surtout depuis que maman vit en France.

Depuis plusieurs années, ma belle-soeur Aline vivait à Nice, en haut du boulevard de Cimiez. Il y avait là-bas une petite colonie de Québécois à la retraite. On revoyait Aline chaque année, aux Fêtes. Puis Marcel me dit :

Qu'est-ce qu'il a fait de tout son cent mille, Philippe ? Maman nous a dit que l'oncle Paul lui avait laissé cent mille dollars à vingt-cinq ans ? Plus, même.

LA MÈRE

Oui, alors . . . il y a eu quarante mille placés en fiducie chez son beau-père : dix mille au compte de chaque enfant, pour leur université — tant mieux si ça devient gratuit, hein ? — et pour leur établissement. Et puis . . . attends. Le grand duplex à Outremont a coûté cinquante mille. Enfin, quarante-huit ou quarante-neuf. Il vaut bien plus aujourd'hui. Le duplex est au nom de Marguerite. Elle l'a gardé. Elle a loué leur appartement. Ils étaient à l'étroit dans cet appartement, finalement.

MARCEL

Philippe s'est très bien conduit à l'égard de Marguerite.

LA MÈRE

Tu dis cela sans rire ?

MARCEL

Je parle du point de vue matériel. Et les autres dix mille dollars ?

LA MÈRE

Ils ne se sont privés de rien.

MARCEL

Oui, mais quand même!

LA MÈRE

Philippe a fait des cadeaux. Je ne sais pas. Enfin,
il me demanderait la lune que je la lui donnerais
de bon coeur, pour lui, pour sa femme et ses enfants.
Mais pour celle-là . . .

Puis, je lui fis signe de se taire car mon fils venait
vers nous, le bras autour des épaules de Lydia, tous
deux suivis par Sébastien boutonnant sa chemise
voyante. Je servis le thé. Tout le temps qu'il dura,
Lydia conserva son sourire d'une douceur narquoise.

MARCEL

Alors, Sébastien, tu demeures un riche propriétaire terrien ?

SÉBASTIEN

Où ça ?

MARCEL

Ici, puisque c'est tante Léa qui succède à Philippe.

LA MÈRE

As-tu de gros besoins d'argent, Sébastien ?

SÉBASTIEN

Hormis mon coin, ici, je n'ai rien à moi. Je rêve, comme ça, de m'acheter une bonne vieille goélette, un jour. Mais, je m'arrange toujours pour en louer une, ou bien pour partir avec des pêcheurs. Dites donc! Ça m'enchante qu'on garde tout ça pour nous. Je puis bien le dire.

LA MÈRE

Ainsi, je ne suis pas moralement tenue d'acheter ta part ?

SÉBASTIEN

Pas du tout, ma tante.

LA MÈRE

Tant mieux! Cela m'arrange bien.

Le reste de l'après-midi se passa placidement. Philippe sortit le canot de la remise et promena Lydia. Sébastien corda les bûches. Moi, je défis les paquets que j'avais faits dans la matinée, et je préparai le souper. Marcel lut dehors tant qu'il fit jour, puis il mit la table et me tint compagnie.

Nous nous retrouvâmes tous les cinq à huit heures devant une grande omelette aux chanterelles à laquelle Lydia refusa de goûter. Elle se satisfit d'une boîte de sardines.

LYDIA

Phil m'a fait faire le tour du lac, avant le dîner. Il m'a indiqué les limites de votre domaine. C'est impressionnant! Il me semble qu'il y a une contradiction entre votre manière de vivre et vos principes. Est-ce que je me trompe ?

dit-elle, s'adressant à moi en particulier.

Laquelle donc ?

Est-il juste, dans votre optique, que vous ayez à vous une aussi grande propriété : des plages, des bois, des bâtiments à vous tout seuls, tandis que tant de pauvres sont sans abri ?

Non, ce n'est pas juste que tant de gens soient sans abri.

Ma mère pècherait plutôt par excès de scrupules, à ce sujet-là . . .

dit mon fils.

Nous, ici, nous n'enlevons rien à personne. Il y a cinquante ans, toutes ces terres furent accordées aux colons par le gouvernement. Des colons, qui les avaient reçues gratuitement — ou presque — , les vendirent à mon grand-père.

Il reste des milliers de lacs et des milliers de milles

111

en forêts, libres, vierges, que le gouvernement pourrait offrir à des milliers de gens. A condition d'ouvrir des routes. Au Québec, il y a manque d'occu-
pants, pas manque d'espace. Les sans-abri, ils
sont plutôt dans les villes. Ici, les habitants les plus
pauvres, ceux qui touchent du bien-être social, pos-
sèdent des lots. Ils font la coupe du bois, en hiver,
pour gagner quelque dollars. Peut-être plus pour se
distraire, au fond.

Il y a deux décennies, à peine, certains élevaient
des moutons, filaient la laine. Plus personne ne le
fait, à présent. Il faudrait voir pourquoi ? Peut-être
l'hiver est-il trop long et trop rude pour rendre
profitable l'élevage de la chèvre et du mouton dans
les Laurentides. Je ne sais pas. Mais je saurai un
jour. Ça m'intéresse.

LYDIA

Avec tout le bois que vous avez, vous pourriez
aider beaucoup de monde.

En posant de telles objections, Lydia essayait-elle
de se valoriser auprès de nous ? ou bien de nous
prendre en faute ?

MARCEL

La coupe du bois, chez nous, qui rapporterait
immédiatement près de vingt mille dollars, nous
l'avons toujours considérée comme une réserve. Une
famille de seize personnes comme la nôtre pourrait-
elle vivre deux ans. avec vingt mille dollars ? Dans
un pays où l'on n'a pas besoin de bottes, ni de
combustible, oui, sans doute. Ici, n'est-ce pas, on ne

cueille pas les oranges derrière la maison. Pour lutter contre sept mois de froid, il faut plus de nourriture, de chauffage, d'éclairage et de vêtements qu'à Bombay ou à Naples, évidemment.

LYDIA

Evidemment. Quand même, je trouve bizarre qu'une marxiste comme madame Vandry règne sur cette grande terre.

MARCEL

Tante Léa n'a jamais lu Marx de sa vie, je le jurerais. Qu'est-ce que tu connais à part les animaux et le folklore, ma tante ?

. . . ajouta-t-il plaisamment.
PHILIPPE

Depuis quand es-tu marxiste, ma chère maman ?

LA MÈRE

Je ne le suis pas, mon petit vieux, puisque, Marcel l'a dit, je n'ai jamais rien lu de Marx. Mais tout le monde devrait être syndiqué. Et chaque commerce, chaque industrie appartenir à chaque syndicat. Les écrivains devraient avoir, par exemple, leur propre maison d'édition.

LYDIA

Et les hôpitaux, être aux médecins ?

Mais non, aux malades.

Tu n'es pas encore très fixée, dans tes idées politiques, ma tante.

Non. Il n'y a que dix ans que j'y réfléchis.

Tu t'y connais mieux en zoologie.

Elle s'y connaît mieux en ichtyologie.

Et même en entomologie.

Mais surtout en ornithologie. Et à ce propos, Lydia, laissez-moi . . .

Et Marcel raconta comment j'avais, un été, apprivoisé deux petites corneilles. Au lieu d'être réticente et d'accentuer sa moue comme chaque fois qu'il était question de la nature ou bien de moi, Lydia, à ma grande surprise, prit intérêt à cette histoire. Sa main et celle de Philippe étaient entrelacées sur la table.

114

Et puis après, on a baptisé tante Léa : la mère aux oiseaux. Et on l'appela ainsi très longtemps . . . dit Marcel, pour terminer.

LYDIA

Je n'aime pas tellement les oiseaux. Je n'en garderais pas chez moi, même en porcelaine. Chez nous, on disait qu'un oiseau dans la maison ça porte malheur.

LA MÈRE

Ici aussi, on entendait dire cela, il y a quelques années. J'ignore d'où cette superstition peut venir. Il y a bien l'engoulevent qu'on traitait autrefois d'oiseau de malheur. Comme les corneilles. Mais, le croirez-vous ? c'est l'engoulevent, précisément, qui m'a donné la volonté de rester ici. Quand je me suis dit : « Je n'entendrai plus le petit Bois-pourri . . . », je me suis répondu à moi-même : « Non, ça n'est pas possible ». Aussi, quand l'idée m'est venue subitement d'acheter la part de Philippe, j'étais toute préparée, émotivement.

La campagne, pour moi, c'est un refuge où l'on se répare; le grand air, un régal. Surtout la campagne sauvage.

LYDIA

Il y a des gens que la campagne rend malades . . .

dit Lydia en s'adressant au plafond.

Mais non.

Un simple oiseau, l'un des plus farouches, un oiseau qu'il est difficile d'observer, presque impossible; voilà le grand responsable de ma décision.

PHILIPPE

Tu exagères, maman.

... me dit Philippe, qui voulait dire qu'il était extravagant de prétendre qu'un oiseau m'avait convaincue de garder le domaine. Sébastien comprit autre chose :

SÉBASTIEN

C'est vrai que tu exagères. On a très bien et très souvent observé l'engoulevent. Sans quoi on n'aurait jamais pu le décrire dans l'exercice de ses fonctions.

LA MÈRE

Il est malaisé de le capturer. Et c'est tant mieux.

SÉBASTIEN

Très facile, au contraire. Qu'est-ce que tu paries ?

dit Sébastien de son air le plus facétieux.

LA MÈRE

Rien. Au prix du mal que tu lui ferais je n'y tiens pas.

LYDIA

Mais moi... j'aimerais bien regarder de près cet

oiseau curieux qui dit bois-pourri. Il doit être vilain comme son cri.

Du tout. Il est ravissant, avec une fale ronde comme la grive, un plumage tacheté comme la perdrix, en plus gris, il me semble. J'en ai vu, de loin, au petit jour même, près d'ici, il y a longtemps. Je me levais, je mettais un épais chandail, et avec des jumelles de marine j'allais me poster près d'une souche... Ah! Autrefois, j'en ai vu passer des oiseaux de toutes sortes. Et des engoulevents! Même, certains soirs, à la nuit tombante, on les voit; ils se laissent choir de très haut, brusquement. On ne peut pas les confondre avec les chauves-souris. Ça n'est pas le même vol : les chauves-souris déplacent plus d'air. Ni avec l'assapan, qui plane d'un bouleau à l'autre.

Mais je n'en ai jamais vu de très près. Je les connais, à vrai dire, surtout par les images.

Sébastien insista, avec son beau sourire :

SÉBASTIEN

Si tu veux me servir de rabatteur, ma tante, je prendrai ce soir même un engoulevent avec un filet de pêche. J'ai un truc infaillible. Ça ne lui fera aucun mal. Et Lydia pourra dire qu'elle en a vu un vivant.

LA MÈRE

Tu as préparé un numéro de cirque ?

117

Bon, eh bien, Lydia et moi n'allons pas tarder à partir. N'est-ce pas, chérie ?

LA MÈRE

Avant que tu t'en ailles, Philippe, est-ce que je ne pourrais pas te dire deux mots, et tandis que Marcel est là, aussi, au sujet des valeurs que je devrai vendre ?

PHILIPPE

D'accord.

SÉBASTIEN

Et mon rabatteur ?

LYDIA

Moi, je ferai le rabatteur pendant que Phil parlera d'affaires.

PHILIPPE

Quelle idée saugrenue!

. . .s'écria Philippe. Mais Lydia lui mit un baiser rapide sur le bout du nez et s'éclipsa avec Sébastien, tandis que Marcel déposait du papier et des crayons sur la table.

MARCEL

J'ai révisé ton portefeuille il n'y a pas très longtemps, ma tante, quand j'ai fait le compte de tes actions de compagnies canadiennes, tu sais, pour ton impôt ?

Ce serait dommage de vendre celles-là . . .

dit aussitôt Philippe. Et tous deux, mes administrateurs depuis vingt ans, engagèrent une discussion sans que la principale intéressée y prît part.

Puisque les questions d'argent m'ennuyaient, Marcel percevait mes loyers, moyennant un petit pourcentage, et voyait à l'entretien de mon immeuble. Il faisait mon rapport d'impôt et avait pris en charge une autre partie de mes biens. Philippe surveillait mes obligations, m'apportant les coupons à découper, mes droits d'auteur et mes assurances.

Quand aurait-il le temps de continuer ? Qui le remplacerait ?

Maintenant que j'allais devenir presque orpheline de fils, ma vie changerait beaucoup, naturellement, mais j'en profiterais pour acquérir enfin plus d'indépendance. Pour commencer, j'apprendrais à conduire une auto, des tas d'imbéciles conduisaient, alors! . . . J'administrerais mon capital moi-même, peu à peu . . . Puis, la première année sans Philippe, j'écrirais trois ou quatre contes; et puis un grand article pour contredire tout ce que l'horrible docteur Freud avait écrit sur les femmes, en me basant sur mon expérience . . . J'accepterais l'invitation de l'écrivain Corinne Soublière de me rallier à l'Union des écrivains québécois . . . Je m'assoupis en regardant sautiller la flamme des chandelles, sur la cheminée, mon crochet et ma laine entre les doigts. Et, comme dans un rêve, j'entendis Marcel qui disait :

MARCEL

Il a pris la lanterne d'ouragan.

J'ouvris les yeux.

LA MÈRE

Il y a un ouragan ?

Philippe répondit :

PHILIPPE

Non. Lydia et Sébastien ne sont pas rentrés. Il fait très noir. Il fait froid.

LA MÈRE

Quelle heure est-il ?

PHILIPPE

Près de dix heures. Tu as fait un petit somme, maman ?

LA MÈRE

Pourquoi ouvrir encore des mines, Philippe ? Il y a bien assez de métal, d'or, de diamants comme ça, dans le monde ?

PHILIPPE

Mais oui. Mais il faut bien que les gens s'occupent. Lydia va prendre du mal.

Tu réponds n'importe quoi. Moi, tu vois, je suis assise ici, à ne rien faire, et je suis plus propriétaire du Téléphone et de l'Aluminium que ceux qui font fonctionner le téléphone et que ceux qui pendant toute leur vie vont fabriquer de l'aluminium. Ça n'a pas de bon sens. Je vis du travail des autres sans rien donner.

PHILIPPE

Tu paies plus de taxes qu'eux.

LA MÈRE

Et le travail mal payé, ce n'est pas la pire des taxes ?

Marcel sortit avec la grosse cloche de bronze et l'agita dans l'air glacial. Puis il reparut :

MARCEL

Ils s'en reviennent. Sébastien a signalé avec la lampe. Ils sont sur l'eau.

LA MÈRE

Dis-moi, Philippe, que les travailleurs soient — pour la moitié ou plus — actionnaires de leur usine, est-ce tellement absurde ?

PHILIPPE

Il y a Ford qui a fait ça. Et d'autres en divers endroits. Au Québec, ça ne serait pas absurde mais c'est utopique, parce que les étrangers qui sont propriétaires de tout ce qu'il y a ici ne vont rien nous donner du tout.

LA MÈRE

On ne pourrait pas les obliger un tout petit peu ?

PHILIPPE

Ah! Maman... dis ce que tu veux à ce sujet-là, mais n'écris jamais rien si tu ne veux pas recevoir la visite de la Police Montée un jour ou l'autre.

LA MÈRE

Et qu'est-ce qu'on pourrait faire de mal à une grand-mère comme moi ? Tu dis cela pour rire.

PHILIPPE

Non, non, on pourrait supprimer les subventions qu'on accorde à tes éditeurs pour publier tes livres. La vertu est infiniment plus dangereuse que le vice, ma chère maman. On ne peut la dénoncer; on ne peut que la punir.

A ce moment-là rentrèrent Lydia et Sébastien. Lydia portait l'anorak de Philippe. Elle était tout ébouriffée et arborait une expression triomphante. D'un ton neutre, et sans rien lui laisser paraître de ses sentiments, Philippe lui fit remarquer l'heure qu'il était.

PHILIPPE

Dépêche-toi, chérie. Sinon nous ne serons pas en ville avant une heure du matin. Je ne conduis jamais vite, tu le sais.

LYDIA

Oh! non, Phil! Il est bien trop tard pour repartir.

J'aime mieux rester. Je meurs de fatigue.

Elle s'étira, bâilla, retira l'anorak et déclara qu'elle avait absolument besoin de prendre un bain. Un jour sans bain, cela ne se pouvait tolérer.

SÉBASTIEN

Qu'à cela ne tienne!

s'écria le plus charmant des hommes, c'est-à-dire Sébastien.

SÉBASTIEN

Nous allons remplir les chaudrons et les bouilloires et les mettre à chauffer sur le poêle de cuisine . . .

LA MÈRE

Le réservoir est déjà plein d'eau chaude.

J'annonçai que j'allais faire du thé et j'invitai tout le monde à me suivre dans la salle à manger. Mes neveux obéirent, mais Lydia alla se déshabiller dans sa chambre.

Quant à Philippe, il se posta entre la salle à manger et la cuisine, dans l'embrasure de la porte, debout, les bras croisés; et il regarda fixement Sébastien avec un air d'attendre des explications.

LA MÈRE

Ne vous chamaillez pas . . .

123

leur dis-je machinalement comme lorsqu'ils étaient petits. Alors Sébastien commença d'un ton gaillard :

SÉBASTIEN

L'homme propose et la femme s'impose. En d'autres mots, ce que femme veut, Dieu le veut.

Il ne se sentait manifestement pas coupable.

MARCEL

Après ?

lui fit son frère, avec impatience.

LA MÈRE

Toi aussi tu veux du thé, Sébastien ?

SÉBASTIEN

Oui, ma tante. Alors, cet après-midi je fendais du bois sans penser à rien. Lydia s'amena vers moi avec une idée derrière la tête. Après mille et une chatteries elle me dit qu'elle voulait que je fasse son portrait. Mes raisons de refuser, à l'en croire, n'étaient pas bonnes, pas solidaires, pas familiales . . .

Je ne pus m'empêcher de sourire en l'écoutant. Depuis toujours, il avait eu une façon qui n'était qu'à lui de faire du charme. Il aimait plaire à toutes les femmes. Il aimait les séduire; et il y mettait une belle inconscience.

Mine ouverte, candeur toute gentille, il s'évertuait à donner l'impression à une femme qu'elle était unique et qu'il n'y avait au monde qu'un seul être désirable : elle. Les vieilles dames comme moi et les petites filles raffolaient de lui, bien entendu, car il ne nous privait pas d'hommages ni de compliments.

Parmi celles qui avaient l'âge d'être ses partenaires, beaucoup succombaient devant lui.

Après une période assez courte, il les quittait, oh! très gentiment, toujours, et en leur laissant l'impression qu'elles avaient abusé de lui et de son temps. « Je ne les laisse pas tomber, me disait-il. Je les dépose. »

Je ne connais personne qui ait jamais eu beaucoup de chagrin à cause de lui. Il ne prenait vraiment rien au sérieux, sauf la peinture, je pense. Et le Québec.

Quand il vous regardait, une certaine gaucherie dans le geste, un air de ravissement mêlé d'ironie, même quand il parlait à un homme, comme en ce moment, à Philippe, on se laissait aisément envoûter.

Il avait toujours aimé toucher les gens — alors que c'était une chose tout à fait surprenante et nouvelle chez mon fils — , il vous prenait le bras, l'épaule, il palpait l'étoffe des robes. A sa mère et à moi, quand il était petit, il mettait des fleurs dans les cheveux et puis il s'écrasait à nos pieds et nous regardait, les yeux admiratifs.

Ce qu'il racontait en ce moment lui paraissait tout naturel et même drôle. Comment, semblait-il dire, Philippe pourrait-il s'en fâcher ?

SÉBASTIEN

C'est qu'elle y tenait, à ce portrait. Mais elle y tenait! Que ça n'est pas croyable. Les bons portrai-

125

tistes sont rares, c'est vrai. Elle disait que ce serait merveilleux, que ça meublerait votre salon, que c'était essentiel. Et ceci, et cela. Bref...et j'ai bien vu, par ce qu'elle en disait, que tu y tenais aussi. Alors, tu me connais, quoi! Elle est bien jolie, ta Lydia. Quand est-ce que j'ai jamais pu résister à une femme, hein ?

Philippe le considérait toujours en silence, le visage fermé. On eût dit qu'il pensait à autre chose. Sébastien poursuivit :

SÉBASTIEN

Et à une femme décidée...
Moi, je ne sais pas si vous êtes comme moi...

il s'adressait particulièrement à son frère et à Philippe.

SÉBASTIEN

Moi, des yeux suppliants de jolie femme... Bref, est-ce qu'il y a rien de plus charmant ? Mais, j'aime bien taquiner aussi, alors je lui ai mis trois conditions.

LA MÈRE

Tu as manqué au bon goût, mon petit Sébastien.

SÉBASTIEN

Ah! Ma tante... c'était pour rire. Les trois conditions étaient les suivantes : *primo,* elle ferait une promenade dans l'obscurité avec moi. On trouverait un prétexte. C'est toi qui nous l'as fourni avec ton histoire d'engoulevent.

MARCEL

On ne te donnerait pas trente-cinq ans, mon frère.

SÉBASTIEN

Je ne les aurai jamais, mon frère.

Secundo : je lui volerais une petite bise. Tu vois, Philippe, je ne te cache rien. Et *tertio* : elle passerait la nuit au camp, pour ne pas gâcher notre week-end avec toi et ta mère. Elle a accepté tout ça sans protester. Et voilà comment il se fait, mon cher cousin, que la future et troisième Madame Vandry aura son portrait peint par ton serviteur.

Philippe ne bronchait toujours pas. Il écoutait, il semblait attendre je ne sais quoi, quand Marcel pour égayer la scène, sans doute, dit :

MARCEL

Ha! Ha! Avec une femme prête à tout, tu iras loin, mon cher Philippe.

Mon fils, alors, s'élança hors de la pièce, dans la cuisine, et puis, dehors. On entendit chaquer la porte grillagée. Et puis, une voiture qui démarrait.

Sébastien se précipita à la fenêtre.

SÉBASTIEN

Il a filé avec mon auto, ma parole! Qu'est-ce qui lui a pris ? Qui lui a donné la clef ?

MARCEL

Moi ; je t'expliquerai.

Je demeurai toute roide sur ma chaise. Je n'osais penser. Je n'osais rien croire. Lydia parut soudain en robe de chambre cerise. Toute souriante.

LYDIA

Et alors ? Cette eau chaude ?

SÉBASTIEN

Oh! Heu . . . elle chauffe.

MARCEL

Y en aura-t-il assez ? On peut en rajouter sur le feu.

LA MÈRE

Il y en aura assez.

LYDIA

Où est Phil ?

LA MÈRE

Il est sorti . . . Marcel lui a dit quelque chose qui l'a vexé.

LYDIA

Marcel ? Tiens! . . .

Et elle regarda Marcel en fronçant un peu les sourcils. Mes neveux activèrent les feux dans toutes les pièces pour que le froid ne nous gêne pas pendant la nuit. Puis ils remplirent à demi la baignoire d'eau brûlante et Lydia s'enferma dans la salle de bains d'où s'échappèrent bientôt de la vapeur et une odeur de lavande.

Sébastien annonça qu'il allait se coucher et il s'écrasa dans un fauteuil devant la cheminée de la salle de séjour, face à Marcel qui se tournait les pouces pensivement. J'étais assise entre les deux sur le sofa à dossier.

LA MÈRE

Maintenant il est dix heures et demie.

MARCEL

Et vingt-cinq, précisément. Philippe t'avait-il raconté, tante Léa, comment Lydia avait failli devenir actrice de cinéma, en France ?

LA MÈRE

Non.

Et nous comptâmes les minutes sans nous dire autre chose. Un peu plus tard Lydia sortait de la salle de bains, le visage tout rose, les yeux étincelants, la tête dans un turban fleuri en tissu éponge.

LYDIA

Où donc est Phil ?

A ce moment-là, je la trouvai vraiment jolie et me fis la réflexion qu'elle n'aurait aucun mal à remplacer mon fils, dans une certaine mesure.

MARCEL

Il n'est pas revenu.

LYDIA

Que lui avez-vous donc dit, Grand Dieu! pour qu'il se fâche ?

MARCEL

Des niaiseries. Philippe est très prompt, vous savez. Soupe au lait, comme on dit.

LYDIA

Non, pas du tout, je ne le savais pas; où serait-il allé, à cette heure ? Et dans ce pays perdu ?

MARCEL

Oh! Ce n'est pas du tout un pays perdu. Il y a des tas d'auberges, dans les environs, très fréquentées par les chasseurs.

Marcel me donnait, sans le savoir, les idées qui me manquaient pour fabriquer un mensonge. Car, moi qui savais instinctivement ou par intuition que Philippe ne reviendrait pas, il me fallait bien mentir à Lydia pour éviter une scène, peut-être même une crise de nerfs.

LA MÈRE

Autrefois, quand il se mettait en colère comme ce soir, pour un rien, il allait passer la nuit à Namur ou à Saint-Rémi. Ou plus loin. Cela n'est pas grave : il ne boit pas. Il se calme, il oublie, en bavardant avec des étrangers. Vous avez bien vu qu'il aimait être seul ? C'est une autre manière d'être seul.

Oh! Que c'est bizarre!

Elle regarda Sébastien avec méfiance et lui demanda :

LYDIA

Et vous, Sébastien, vous ne dites rien.

SÉBASTIEN

Moi ? Non. Sauf que de nous trois, c'est peut-être Philippe le plus bizarre. Je n'ai pas encore compris pourquoi il a pris la mouche.

LYDIA

Alors, il va revenir demain ?

LA MÈRE

Sûrement. Ou peut-être le retrouverez vous chez lui, en ville, tout bonnement.

LYDIA

Eh bien! tout ceci n'est guère aimable pour moi. Est-ce utile de vous dire à quel point je vous en veux, Marcel ?

MARCEL

C'est de ma faute . . . Je suis navré . . .

LYDIA

Je vais me coucher . . .

Elle hésita.

131

Vous m'aurez fait comprendre, en tout cas, qu'il vaudra mieux, pour Phil et pour moi, ne pas voir trop souvent la famille.

SÉBASTIEN

Et votre portrait ? Je ne peins pas d'après des photos, moi, mais d'après nature.

LYDIA

Vous, Sébastien, ça n'est pas pareil. Vous n'avez rien dit, vous.

La pensée du portrait tant désiré avait calmé ses inquiétudes. Elle nous sourit et s'en fut dans sa chambre.

LA MÈRE

Pourquoi lui as-tu dit cela, Sébastien ? Tu sais bien que tu ne feras jamais son portrait.

SÉBASTIEN

Hein ? Non ? Ah! Bon.

MARCEL

Et toi, ma tante, pourquoi lui as-tu raconté qu'il passait la nuit dans les hôtels de village ?

Je haussai les épaules. Sébastien dit :

SÉBASTIEN

Il n'y avait tout de même pas de quoi se fâcher à ce point-là.

Vaniteux comme il est, il y avait de quoi. Plus de vanité encore que d'orgueil chez mon Philippe. C'est ta remarque à toi, Marcel, qui a fait déborder le vase.

MARCEL

La pauvre fille . . .

LA MÈRE

Moi, je pourrais danser sur le toit. Tu as fait une vraie gaffe. Et dire, mon gros, que si je te l'avais demandé, tu n'aurais pas su la faire. Seigneur! Seigneur! Le Bon Dieu m'aime.

Jusque vers minuit, nous échangeâmes des tronçons de phrase, des fragments d'opinion, des pronostics, des prophéties au sujet des affaires conjugales de Philippe, à voix très basse, naturellement.

Je n'avais plus à lutter, je ne sentais plus de résistance devant moi. J'étais seulement lasse, un peu désorientée, sans idées bien précises sur ce qui allait maintenant se passer dans ma vie.

LA MÈRE

Je suppose que je ne serai pas obligée de vendre des valeurs, à présent ?

MARCEL

Probablement pas. Je me demande où il est rendu, à cette heure . . . Minuit moins cinq.

133

Autant aller dormir, hein ?

LA MÈRE

J'imagine qu'il est allé par Montebello jusqu'à Grenville. Et par l'Ontario jusqu'à la Transcanadienne...

Mes neveux me donnaient raison en hochant la tête. Marcel se leva et vint me tapoter les cheveux plusieurs fois.

LA MÈRE

...et j'imagine qu'il file, maintenant, droit sur Québec ?

FIN

6 octobre-29 novembre 1970
à Westmount.

ACHEVÉ D'IMPRIMER
SUR LES PRESSES DE L'IMPRIMERIE ELECTRA
LE 8 OCTOBRE 1971
POUR LES ÉDITIONS DE L'ACTUELLE INC.

LITTERATURE (romans, poésie, théâtre)

Agaguk, Y. Thériault, **2.50**

Amour, police et morgue, J.-M. Laporte, **1.00**

Bigaouette, Raymond Lévesque, **2.00**

Bousille et les justes, G. Gélinas, **2.00**

Candy, Southern & Hoffenberg, **3.00**

Ceux du Chemin taché, A. Thério, **2.00**

De la Terre à la Lune, J. Verne, **1.50**

Des bois, des champs, des bêtes,
J.-C. Harvey, **2.00**

Dictionnaire d'un Québécois,
C. Falardeau, **2.00**

Ecrits de la taverne Royal,
En collaboration, **1.00**

Gésine, Dr R. Lecours, **2.00**

Hamlet, prince du Québec, R. Gurik, **1.50**

"J'parle tout seul quand j'en narrache",
E. Coderre, **1.50**

La mort d'eau, Y. Thériault, **2.00**

Le dompteur d'ours, Y. Thériault, **2.00**

Le printemps qui pleure, A. Thério, **1.00**

Le roi de la Côte Nord, Y. Thériault, **1.00**

Le vertige du dégoût, E. Pallascio-Morin **1.00**

Les commettants de Caridad,
Y. Thériault, **2.00**

Les cents pas dans ma tête, P. Dudan, **2.50**

Les vendeurs du temple, Y. Thériault, **2.00**

Les temps du carcajou, Y. Thériault, **2.50**

Les mauvais bergers, A. Ena Caron, **1.00**

Les propos du timide, A. Brie, **1.00**

L'homme qui va, J.-C. Harvey, **2.00**

Marche ou crève Carignan, R. Hollier, **2.00**

Mes anges sont des diables,
J. de Roussan, **1.00**

Montréalités, A. Stanké, **1.50**

Ni queue ni tête, M.-C. Brault, **1.00**

N'Tsuk, Y. Thériault, **1.50**

Pays voilés, existences, M.-C. Blais, **1.50**

Pomme de pin, L. Pelletier-Dlamini, **2.00**

Prix David, C. Hamel, **2.50**

Tête Blanche, M.-C. Blais, **2.50**

Ti-Coq, G. Gélinas, **2.00**

Toges, bistouris, matraques et soutanes,
En collaboration, **1.00**

Topaz, L. Uris, **3.50**

Un simple soldat, M. Dubé, **1.50**

Valérie, Y. Thériault, **2.00**

LINGUISTIQUE

Améliorez votre français, J. Laurin, **2.50**

L'anglais par la méthode choc,
J.-L. Morgan, **2.00**

Le langage de votre enfant,
C. Langevin, **2.50**

Mirovox, H. Bergeron, **1.00**

Petit dictionnaire du joual au français,
A. Turenne, **2.00**

Savoir parler, R. Salvator-Catta, **2.00**

RELIGION

L'abbé Pierre parle aux Canadiens,
Abbé Pierre, **1.00**

Le chrétien en démocratie,
Abbés Dion et O'Neil, **1.00**

Le chrétien et les élections,
Abbés Dion et O'Neil, **1.50**

L'Eglise s'en va chez le diable
G. Bourgeault, s.j., J. Caron, ptre
et J. Duclos, s.j. **2.00**

LE SEL DE LA SEMAINE (Fernand Seguin)

Louis Aragon, 1.00
François Mauriac, 1.00
Jean Rostand, 1.00

Michel Simon, 1.00
Han Suyin, 1.00
Gilles Vigneault, 1.00

LOISIRS

Apprenez la photographie avec
Antoine Désilets, 3.50

Bricolage, J.-M. Doré, 3.00

Camping-caravaning, en collaboration, 2.50

Cinquante et une chansons à répondre,
P. Daigneault, 2.00

J'ai découvert Tahiti, J. Languirand, 1.00

Jeux de société, L. Stanké, 2.00

Informations touristiques: LA FRANCE,
en collaboration, 2.50

Informations touristiques: LE MONDE,
en collaboration, 2.50

Juste pour rire, C. Blanchard, 2.00

L'hypnotisme, J. Manolesco, 3.00

Le guide de l'astrologie, J. Manolesco, 3.00

Le guide de l'auto (1967), J. Duval, 2.00

(1968-69-69-71), 3.00 chacun

Course-Auto 70, J. Duval, 3.00

Le guide du judo (technique au sol),
L. Arpin, 3.00

Le guide du judo (technique debout),
L. Arpin, 3.00

Le jardinage, P. Pouliot, 3.00

Les courses de chevaux, Y. Leclerc, 3.00

Trucs de rangement No 1, J.-M. Doré, 3.00

Trucs de rangement No 2, J.-M. Doré, 3.00

« Une p'tite vite! », G. Latulippe, 2.00

Vive la compagnie!, P. Daigneault, 2.00

PSYCHOLOGIE PRATIQUE • SEXOLOGIE

Comment vaincre la gêne et la timidité,
R. Salvator-Catta, 2.00

Complexes et psychanalyse,
P. Valinieff, 2.50

Cours de psychologie populaire,
En collaboration, 2.50

Développez votre personnalité, vous
réussirez, S. Brind'Amour, 2.00

Hatha-yoga, S. Piuze, 3.00

Helga, F. Bender, 6.00

L'adolescent veut savoir,
Dr L. Gendron, 2.00

L'adolescente veut savoir,
Dr L. Gendron, 2.00

L'amour après 50 ans, Dr L. Gendron, 2.00

La contraception, Dr L. Gendron, 2.00

La dépression nerveuse,
En collaboration, 2.50

La femme et le sexe, Dr L. Gendron, 2.00

La femme enceinte, Dr R. Bradley, 2.50

L'homme et l'art érotique,
Dr L. Gendron, 2.00

La maman et son nouveau-né,
T. Sekely, 2.00

La mariée veut savoir, Dr L. Gendron, 2.00

La ménopause, Dr L. Gendron, 2.00

La merveilleuse histoire de la naissance,
Dr L. Gendron, 3.50

La psychologie de la réussite,
L.-D. Gadoury, 1.50

La sexualité, Dr L. Gendron, 2.00

La volonté, l'attention, la mémoire,
R. Tocquet, 2.50

Le mythe du péché solitaire,
J.-Y. Desjardins et C. Crépault, 2.00

Le sein, En collaboration, 2.50

Les déviations sexuelles, Dr Y. Léger, 2.50

Madame est servie, Dr L. Gendron, 2.00

Les maladies psychosomatiques,
Dr R. Foisy, 2.00

Pour vous future maman, T. Sekely, 2.00

Quel est votre quotient psycho-sexuel?,
Dr L. Gendron, 2.00

Qu'est-ce qu'un homme?,
Dr L. Gendron, 2.00

Qu'est-ce qu'une femme?,
Dr L. Gendron, 2.50

Teach-in sur la sexualité,
En collaboration, 2.50

Tout sur la limitation des naissances,
M.-J. Beaudoin, 1.50

Votre écriture, la mienne et celle des
autres, F.-X. Boudreault, 1.50

Votre personnalité, votre caractère,
Y.-B. Morin, 2.00

Vos mains, miroir de la personnalité,
P. Maby, 3.00

Yoga, santé totale pour tous,
G. Lescouflair, 1.50

Yoga Sexe, Dr L. Gendron, S. Piuze, 3.00

SCIENCES NATURELLES

Les mammifères de mon pays,
J. St-Denys Duchesnay et R. Dumais, 2.00

Les poissons du Québec,
E. Juchereau-Duchesnay, 1.00

SCIENCES SOCIALES ● POLITIQUE

Bourassa-Québec, R. Bourassa, 1.00

Connaissez-vous la loi?, R. Millet, 2.00

Dynamique de Groupe, J. Aubry, s.j., et
Y. Saint-Arnaud, s.j., 1.50

Drogues, J. Durocher, 2.00

Egalité ou indépendance, D. Johnson, 2.00

F.L.Q. 70: OFFENSIVE D'AUTOMNE,
J.-C. Trait, 3.00

La Bourse, A. Lambert, 3.00

La cruauté mentale, seule cause du
divorce?, Dr Y. Léger et
P.-A. Champagne, avocat, 2.50

La loi et vos droits,
P.-E. Marchand, avocat, 4.00

La nationalisation de l'électricité,
P. Sauriol, 1.00

La prostitution à Montréal, T. Limoges, 1.50

La rage des goof-balls,
A. Stanké et M.-J. Beaudoin, 1.00

Le budget, En collaboration, 3.00

L'Etat du Québec, En collaboration, 1.00

L'étiquette du mariage, M. Fortin-Jacques
et J. St-Denys-Farley, 2.50

Le guide de la finance, B. Pharand, 2.50

Le savoir-vivre, N. Germain, 2.50

Le savoir-vivre d'aujourd'hui,
M. Fortin-Jacques, 2.00

Le scandale des écoles séparées en
Ontario, J. Costisella, 1.00

Le terrorisme québécois, Dr G. Morf, 3.00

Les bien-pensants, P. Berton, 2.50

Les confidences d'un commissaire d'école,
G. Filion, 1.00

Les hippies, En collaboration, 3.00

Les insolences du Frère Untel,
Frère Untel, 1.50

Les parents face à l'année scolaire,
En collaboration, 2.00

Option Québec, R. Lévesque, 2.00

Scandale à Bordeaux, J. Hébert, 2.00

Ti-Blanc, mouton noir, R. Laplante, 2.00

Une femme face à la Confédération,
M.B. Fontaine, 1.50

Vive le Québec Libre!, Dupras, 1.00

VIE QUOTIDIENNE ● SCIENCES APPLIQUEES

Aérobix, Dr P. Gravel, **2.00**

Apprenez à connaître vos médicaments, R. Poitevin, **3.00**

Conseils aux inventeurs, R.-A. Robic, **1.50**

Ce qu'en pense le notaire, Me A. Senay, **2.00**

Comment prévoir le temps, Eric Neal, **1.00**

Couture et tricot, En collaboration, **2.00**

Cuisine française pour Canadiens, R. Montigny, **3.00**

Embellissez votre corps, J. Ghedin, **1.50**

Embellissez votre visage, J. Ghedin, **1.50**

En cuisinant de 5 à 6, Juliette Huot, **2.00**

Encyclopédie des antiquités du Québec, M. Lessard et H. Marquis, **6.00**

Encyclopédie du jardinier horticulteur W. H. Perron, **6.00**

Exercices pour rester jeune, T. Sekely, **2.00**

Fondues et flambées de maman Lapointe, S. Lapointe, **2.00**

L'art de vivre en bonne santé, Dr W. Leblond, **3.00**

La cellulite, Dr G.-J. Léonard, **3.00**

Le charme féminin, D. M. Parisien, **2.00**

La chirurgie plastique esthétique, Dr A. Genest, **2.00**

La conquête de l'espace, J. Lebrun, **5.00**

La cuisine canadienne avec la farine Robin Hood, **2.00**

La cuisine chinoise, L. Gervais, **2.00**

La cuisine en plein air, H. Doucet-Leduc, **2.00**

La dactylographie, W. Lebel, **2.00**

La décoration, J. Monette, **3.00**

La femme après 30 ans, N. Germain, **2.50**

La médecine est malade, Dr L. Joubert, **1.00**

La retraite, D. Simard **2.00**

La/Le secrétaire bilingue, W. Lebel, **2.50**

La sécurité aquatique, J.-C. Lindsay, **1.50**

Leçons de beauté, E. Serei, **2.50**

Le guide complet de la couture, L. Chartier, **3.50**

Les grands chefs de Montréal et leurs recettes, A. Robitaille, **1.50**

Les greffes du coeur, En collaboration, **2.00**

Les médecins, l'Etat et vous, Dr R. Robillard, **2.00**

Les recettes à la bière des grandes cuisines Molson, M.-L. Beaulieu, **2.00**

Les recettes de Maman, S. Lapointe, **2.00**

Les soupes, C. Marécat, **2.00**

Madame reçoit, H. Doucet-LaRoche, **2.50**

Mangez bien et rajeunissez, R. Barbeau, **2.00**

Médecine d'aujourd'hui, Me A. Flamand, **1.00**

Poids et mesures, L. Stanké, **1.50**

Pourquoi et comment cesser de fumer, A. Stanké, **1.00**

Regards sur l'Expo, R. Grenier, **1.50**

Régimes pour maigrir, M.-J. Beaudoin, **2.50**

Savoir se maquiller, J. Ghedin, **1.50**

Soignez votre personnalité, Messieurs, E. Serei, **2.00**

Tenir maison, F. Gaudet-Smet, **2.00**

36-24-36, A. Coutu, **2.50**

Tous les secrets de l'alimentation, M.-J. Beaudoin, **2.50**

Vins, cocktails, spiritueux, G. Cloutier, **2.00**

Vos dents, Drs Guy Déom et P. Archambault, **2.00**

Vos vedettes et leurs recettes, G. Dufour et G. Poirier, **3.00**

SPORTS

La natation, M. Mann, **2.50**

La pêche au Québec, M. Chamberland, **3.00**

Le baseball, En collaboration, **2.50**

Le football, En collaboration, **2.50**

Le golf, J. Huot, **2.00**

Le ski, En collaboration, **2.50**

Le tennis, W.-F. Talbert, **2.50**

Les armes de chasse, Y. Jarretie, **2.00**

Monsieur Hockey, G. Gosselin, **1.00**

Tous les secrets de la chasse, M. Chamberland, **1.50**

Tous les secrets de la pêche, M. Chamberland, **2.00**

TRAVAIL INTELLECTUEL

Dictionnaire de la loi, R. Millet, **2.00**

Dictionnaire des affaires, W. Lebel, **2.00**

Dictionnaire des mots croisés, R. Piquette, P. Lasnier, C. Gauthier, **3.50**

Dictionnaire en 5 langues, L. Stanké, **2.00**

PUBLICATIONS RÉCENTES OU À PARAÎTRE PROCHAINEMENT

Vos cheveux, Josette Ghedin, **2.50**

Le « Self-Défense », Louis Arpin, **$3.00**

Pour la grandeur de l'Homme, Claude Péloquin, **2.00**

Les cabanes d'oiseaux, J.-M. Doré, **3.00**

Les verbes, Jacques Laurin,

La cuisine de Maman Lapointe, S. Lapointe

La météorologie, Alcide Ouellet,

La Taxidermie, M. Labrie,

La technique de la photo, Antoine Desilets,

L'Ermite, T. Lobsang Rampa,

Ouvrages parus a L'ACTUELLE

Aaron, Y. Thériault, **2.50**

Carré Saint-Louis, J.-J. Richard, **3.00**

Cul-de-sac, Y. Thériault, **3.00**

Danka, M. Godin, **3.00**

D'un mur à l'autre, P.-A. Bibeau, **2.50**

Et puis tout est silence, C. Jasmin, **3.00**

Feuilles de thym et fleurs d'amour, M. Jacob, **1.00**

La fille laide, Y. Thériault, **3.00**

Le dernier havre, Y. Thériault, **2.50**

Le domaine Cassaubon (prix de l'Actuelle 1971), G. Langlois, **3.00**

Le dompteur d'ours, Y. Thériault, **2.50**

Le jeu des saisons, M. Ouellette-Michalska, **2.50**

Les demi-civilisés, J.-C. Harvey, **3.00**

Les visages de l'enfance, D. Blondeau, **3.00**

PUBLICATIONS RÉCENTES OU À PARAÎTRE PROCHAINEMENT

L'Outaragasipi, C. Jasmin

Le Bois pourri, A. Maillet

Tayaout, fils d'Agaguk, Y. Thériault, **2.50**

Ouvrages parus aux
PRESSES LIBRES

A votre santé, Dr L. Boisvert, **2.00**

Comment devenir vedette, J. Beaulne, **3.00**

Des Zéroquois aux Québécois,
C. Falardeau, **2.00**

L'amour humain, R. Fournier, **2.00**

L'anti-sexe, J.-P. Payette, **3.00**

La négresse blonde aux yeux bridés,
C. Falardeau, **2.00**

L'assimilation, pourquoi pas?
L. Landry, **2.00**

La Terre a une taille de guêpe,
P. Dudan, **3.00**

La voix de mes pensées, E. Limet, **2.50**

Le bateau ivre, M. Metthé, **2.50**

Le couple sensuel, Dr L. Gendron, **2.00**

Le Franco-Fun Kébecwa, F. Letendre, **2.50**

Les salariés au pouvoir!, Le Frap, **1.00**

Le rêve séparatiste, L. Rochette, **2.00**

Le séparatisme, non! 100 fois non,
Comité Canada, **2.00**

Les cent positions de l'amour,
H. Benson, **3.00**

Les prévisions 71, J. Manolesco
(12 fascicules) **1.00 chacun**

Menues, dodues, roman policier,
par Gilan, **3.00**

Maria de l'Hospice, M. Grandbois, **2.00**

Mine de rien, Gilles Lefebvre, **2.00**

Plaidoyer pour la grève et contestation,
A. Beaudet, **2.00**

Positions +, J. Ray, **3.00**

Pour une éducation de qualité au Québec,
C.-H. Rondeau, **2.00**

Tocap, Pierre de Chevigny, **2.00**

PUBLICATIONS RÉCENTES OU À PARAÎTRE PROCHAINEMENT

Mes expériences autour du monde
dans 75 pays, R. Boisclair

Ariâme . . . plage nue, Pierre Dudan, **3.00**

Aventure sans retour (The Jos Parisi Story)

Les incommunicants, Léo LeBlanc,